Motorradtouren für Langschläfer Oberbayern

Heinz E. Studt

BRUCKMANN

INHALT

Oberbayerns Bikerparadies: das Sudelfeld im oberen Abschnitt

1078 Kilometer Strecke beträgt meine persönliche »Tages-Bestleistung« im Motorradsattel: München–Calais via Autobahn. Das Ganze damals noch mit leistungsreduzierter Honda Transalp als frischgebackener 1A-Führerschein-Inhaber. Und gleichwohl es schon zwei Jahrzehnte her ist, werde ich meine erste große Motorradtour wohl niemals im Leben vergessen. Der Süden Englands sollte und musste es sein – und dafür hieß es: Pobacken zusammenkneifen, tief abtauchen hinter dem Windshield und einfach nur heil ankommen.

Heutzutage reduzieren sich meine Tagesleistungen auf durchschnittlich 200 Kilometer und in herrlich abwechslungsreichen Landschaften sogar noch auf deutlich weniger. Ja, selbst die Anfahrt ins jeweilige Zielgebiet wird notfalls in bequeme Etappen gestückelt. Denn ganz gleich ob Autobahn oder Landstraße – Motorradfahren verbindet sich für mich mehr denn je untrennbar mit dem Thema »Genuss«.

Komfort und Genuss gehören heute ebenso zum Motorradfahren wie intensiver Kurvenschwung und Geselligkeit. Dass wir Biker dabei gar nicht mehr gewillt sind, Hunderte von Kilometern am Stück im Sattel zu verbringen, beweisen nicht nur aktuelle Umfragen und Statistiken, sondern auch unzählige Benzingespräche an Bikertreffs. Und Hand aufs Herz: Liegt der ganz besondere Reiz des schönsten Hobbys der Welt nicht vor allem auch in seiner Spontaneität, in der Chance, die berühmte ganz spontane »Runde um den Block« mit einer Portion Sightseeing sowie dem geselligen Einkehrschwung zu kombinieren?

Nach vielen Büchern und Reportagen mit »Ganz-weit-weg-Zielen« wuchs deshalb in mir der Wunsch, speziell dieser Kurztripp-Fraktion unter uns Motorradfahrern einmal ein Buch zu widmen. Ein Motorradführer für den bikenden Genussmenschen, dessen Ziel nicht in der Sammlung maximal möglicher Kilometer liegt, sondern im intensiven Erleben des Fahrens, kombiniert mit leckerem Einkehrschwung und einer Portion Sightseeing. Et voila: Vor Ihnen liegen die 20 schönsten Kurztouren meiner Heimat Oberbayern, einer Motorradregion, die den Begriff »Genuss« perfekt definiert.

Mein Tipp: Lassen Sie die Hektik des Alltags einmal beiseite, ignorieren Sie Uhrzeit, Wecker oder Terminkalender, wählen Sie nach einem genüsslichen Frühstück ganz spontan einen meiner folgenden Tourenvorschläge und würzen Sie damit ihren Tag – denn er gehört Ihnen!

Heinz E. Studt

Wolfratshauser Kurvenparadies

Wie greifbar nah der Genuss des Motorradelns selbst für Großstädter ist, beweist schon diese erste Runde gleich vor Münchens Haustüren.

TOUR-CHECK

Start: *München*
Ziel: *München*
Tourencharakter: *Rasch raus aus der Stadt und eine gemütliche Runde Kurvenschwung abseits aller Hektik genießen.*
Tourenlänge: *110 km*
Kombinierbar mit Tour: *2, 17, 19, 20*
Genussfaktor:
- ***Fahrerisch:*** ★★★★
- ***Sightseeing:*** ★★★
- ***Kulinarisch:*** ★★★

Beginnen wir dieses Genießer-Tourenbuch mit meiner Lieblings-Mittagsstrecke: Immer wenn ich einfach einmal für ein Stündchen den Kopf frei blasen möchte, geht es auf diese kurvenreiche Runde durch stille Landschaften.

Durch Münchens Promi-Vorort Grünwald begleitet uns tagein, tagaus noch mehr oder minder dichter Verkehr – und ACHTUNG: auch so manche mobile Radarfalle! –, doch gleich hinter dem Ortsausgang von Grünwald gehört die Piste nahezu uns allein. Wir queren die Isar Richtung Pullach und schwingen einfach gen Süden Fahrtrichtung Schäftlarn. Bereits hier tropfen aller Stress und Hektik aus den Mopedärmeln, bereits nach wenigen Kilometern reduziert sich der Pulsschlag auf ein äußerst gesundes Mittelmaß. Im Örtchen Schäftlarn setzen wir den Blinker links, denn direkt am idyllisch gelegenen Benediktinerkloster Abtei Schäftlarn, ganz am Ende einer sogar richtig kehrenreichen Bergstrecke, liegt das Klosterbräustüberl mit prächtigem Biergarten, der uns jetzt schon aus dem Sattel locken will. An sonnigen Wochenenden treffen sich hier Biker aus der Umgegend zu spontanen Ausfahrten – oder auch zu ebenso spontaner und gesegneter Einkehr.

Wir queren erneut die Isar – hier mit weißen Kiesbänken ausgestattet, die so manch herrliches Plätzchen für ein Sonnenbad bereitstellen – und pendeln genüsslich über Deining und Egling durch die hügel- und aussichtsreiche Pupplinger Au mit ihren weiten Feldern und lichten Wäldchen bis an den Ortsrand von Wolfratshausen.

Mein Tipp: Werfen Sie unbedingt einen Blick in die verkehrsberuhigte historische Altstadt – es lohnt sich. Prächtiges bayerisches Barock begeistert wohl jeden Besucher.

Genusstouren vom Feinsten: rund um Dietramszell

MEIN TOPTIPP – DIE ISAR-FLOSSFAHRT NACH MÜNCHEN

Einer uralten Tradition entspringt die Floß-Schifffahrt auf der Isar in Richtung München. Bereits im 12. Jh. wurden Waren aller Art auf den damals noch unberechenbaren, weil ungezähmten Flüssen transportiert. Heutzutage ist es eine bei Jung und Alt beliebte sommerliche Gaudi mit zünftiger Blasmusik und bayerisch-deftigen Genüssen. Jährlich vom 1. Mai bis zur traditionellen »Eisfahrt« Mitte September heißt es auf den stabilen und sicheren Flößen »O'zapft is und los geht's«.

Erfahrene Flößer, die ihre Kunst oftmals noch von den Vätern lernten, schippern Pärchen, Gruppen, Betriebsausflüge, Bikerclubs und Kegelbrüder mit sicherer Hand flussabwärts. Und wenn einmal eine Welle sauberen Isarwassers über die Baumstämme schwappt, eine Gefahr für Leib und Leben besteht heutzutage nicht mehr. Dafür haben die Flößer die rutschige Fuhre viel zu gut im Griff. An der berühmten Floßlende in München angekommen, werden die Gäste in Bussen zu ihren Ausgangspunkten zurückgebracht. Ein unvergessliches Erlebnis. Gruppen- und organisierte Fahrten sollten mindestens ein Jahr im Voraus gebucht werden.

Infos z.B. unter www.flossfahrt.de.

Versteckt hinter Villen: Schloss Dachau

Weiter führt unser Weg über Ascholding nach Dietramszell mit seinem bekannten Salesianerinnen-Kloster, einer imposanten Abtei immerhin aus dem Jahre 1099. Ach ja – und nicht zu vergessen natürlich die nicht minder interessante Kloster-Schänke gleich gegenüber. Genau zwischen Klosterkirche und Schänke hindurch suchen wir uns den weiteren Weg, pendeln gemütlich mit lockerer Gashand über Dietenhausen und Thalham durch eine Voralpenlandschaft, wie sie idyllischer kaum sein kann. Schattig kühle Wälder, unendlich weite Felder und einige Hochebenen begeistern hier mit schönem Panorama. Doch das Beste an all dem Genuss: Die oftmals kaum mehr als lenkerbreiten Straßen gehören zumindest wochentags nahezu uns allein. Spätestens hier vertreibt Kurvenhatz vom Feinsten jeglichen Rest von mitgebrachtem Stress oder Alltagshektik. Toll! Nur gut vier Kilometer weit müssen wir von Otterfing aus die verkehrsreiche B13 benützen, dann geht es schon wieder links ab ins berühmte »Eingemachte«. Über Neukolbing und Geilertshausen kommen wir schließlich nach Endlhausen. Knurrt Ihnen jetzt der Magen? Haben Sie Lust auf einen mega-leckeren Boxenstopp? Dann klappen Sie unbedingt vor dem Wirtshaus Doll den Seitenständer aus und genießen Sie echte bayerische Küche zu günstigen Preisen und in Größenordnungen, wie sie wohl jede Lederkombi auf Dauer zum Platzen bringen kann. Aber keine Sorge: Wer die großen Portionen nicht schafft, kann sie sich auch einpacken lassen. Die Wirtsleut' sind das schon gewohnt …

Über Holzhausen und Großdingharting erreichen wir dann wieder den Südrand von Grünwald, kommen sozusagen retour in den Alltag. Entlang der Südlichen Münchner Straße reihen sich einige nette Cafés und Einkehrmöglichkeiten auf, deren Preis-Leistungs-Gefüge allerdings deutlich großstädtischer ist als in Endlhausen. Dafür gibt es »Schicki-Micki-Watching« sozusagen gratis obendrauf.

IM INTERNET

www.gruenwald.de
www.wolfratshausen.de
www.abtei-schaeftlarn.de
www.kloster-dietramszell.de

Im Herzen von Zwiebelturmland: Ortseinfahrt von Otterfing

REISE-INFOS

Allgemeines:
Unspektakulär, idyllisch, Ruhe spendend und überaus kurvenreich präsentiert sich das Land südlich von München zwischen Grünwald und Wolfratshausen. Hier tickt die Mopeduhr umgehend eine Runde langsamer, hier können wir Stress und Alltagshektik ganz leicht hinter uns zurücklassen.

Motorradfahren:
Die beschriebene Strecke besteht aus kleinen Landstraßen frei von Ampeln und Stau, die wir nur ab und an mit den Bauern der Region teilen müssen.

Sehenswürdigkeiten & Aktivitäten:
Promi-Watching in Grünwald ist natürlich ebenso möglich wie der Genuss eines Einkehrschwunges inmitten traditioneller bayerischer Stadtzentren, wie zum Beispiel Wolfratshausen. Dessen verkehrsberuhigte Altstadt lohnt einen Rundgang zu jeder Jahreszeit. Und wer retour nach München einmal andere Wege gehen will, kann von Wolfratshausen mit den berühmten Isarflößen heimwärts schippern.

Essen & Trinken:
*Klosterbräustüberl im Kloster Schäftlarn, Tel. 08178 3694;
Gasthof Humplbräu in Wolfratshausen, www.humplbraeu.de;
Kloster-Schänke in Dietramszell, www.kloster-schaenke-dietramszell.de;
Wirtshaus Doll in Endlhausen, Sauerlacher Str. 1, Endlhausen.*

Warmbadetag im Fünf-Seen-Land

Das Fünf-Seen-Land südwestlich von München ist als Spontan- oder auch als Wochenendtour ein absolutes Highlight für alle Sinne.

Wem der Sinn an einem schönen Wochenende nach kurvenreichen Landstraßen inklusive ganz viel Badefreuen steht, für den ist die folgende Tour genau das Richtige. Wie wär's mal mit einer kleinen Bootsfahrt zwischendurch?

Bereits die Anfahrt zu dieser Tour ist ein absoluter Genuss: Pendeln Sie gemütlich über die Dörfer nach Gauting, sodann immer entlang der Würm nach Leutstetten. Dort liegt übrigens mein herrlich schattiger Einkehrtipp, der Schlossbiergarten Leutstetten, den wir uns spätestens auf der Heimfahrt nach München unbedingt gönnen sollten. Starnberg begrüßt uns wenige Kilometer weiter mit seinem touristisch geprägten Zentrum und herrlichen Ausblicken auf den zweitgrößten See Bayerns. In den zahlreichen Cafés entlang der Uferpromenade gibt es viele Möglichkeiten für einen aussichtsreichen Einkehrschwung.

TOUR-CHECK

Start: *München*
Ziel: *München*
Tourencharakter: *Kurvenreiche Landstraßen, herrliche Landschaften, Badeseen und Sightseeing stehen vielfältig zur Auswahl.*
Tourenlänge: *150 km*
Kombinierbar mit Touren: *1, 3, 17, 19, 20*
Genussfaktor:
- **Fahrerisch:** ★★★★
- **Sightseeing:** ★★★★
- **Kulinarisch:** ★★★★

Unsere weitere Tour führt anschließend am Ostufer des Starnberger Sees Richtung Süden, vorbei am Örtchen Berg, an dessen Seeufer ein schlichtes Holzkreuz die Stelle markiert, an der Deutschlands einziger Märchenkönig Ludwig II. in einer sternenlosen Juninacht 1886 als hervorragender Schwimmer ertrunken sein soll. Na ja …!

Schwungvoll geht es immer in Sichtweite zum See nach Süden. Gönnen Sie sich unbedingt den einen oder anderen Sackgassen-Abstecher, zum Beispiel nach Ammerland, für einen langen Blick über das Wasser. Es lohnt sich.

Über Ambach und St. Heinrich geht es nach Seeshaupt, einem der zentralen Ausgangspunkte für eine Schifffahrt mit der weiß-blauen Flotte. Um breite Schilfgürtel und versteckte Badeplätze herum schwingen wir nach Tutzing. Bevor wir uns nun in Felda-

Heiß begehrte Idylle: Der Starnberger See am Westufer

MEIN TOP-TIPP – DIE BAYERISCHE SEENSCHIFFFAHRT

Die bekannteste Traditions-Schifffahrt Deutschlands ist mit 35 Motorschiffen und etwa 150 Mitarbeitern immerhin eine der größten Binnenschifffahrten Europas. Ihre weiß-blaue Flotte befährt ganzjährig Königssee und Tegernsee, wohingegen Ammersee und Starnberger See aus dem Fünf-Seen-Land nur jeweils von Ostersonntag bis Ende Oktober befahren werden; in der Zwischenzeit herrscht Winterruhe für die Seen, ihre Anwohner und vor allem auch für die oftmals geschützte Tierwelt.
Mit ein wenig Zeit im Tankrucksack sollten Sie sich so eine Dampferfahrt auf dem Starnberger oder dem Ammersee unbedingt gönnen, bietet sie doch gänzlich andere Ansichten und Ausblicke auf den See, seine Bewohner und das prächtige Alpenpanorama. Alle Fakten, Fahrpläne und Informationen finden sich unter www.seenschifffahrt.de.

Weltberühmter Pflichttermin: Kloster Andechs über dem Ammersee

fing vom Starnberger See verabschieden, sollten alle »Königstreuen« noch einen kurzen Abstecher zum Schloss Possenhofen (heute Privatbesitz) unternehmen, dem Schloss, in dem die österreichische Kaiserin Sisi und einzige Liebe König Ludwigs II. Mitte des 19. Jahrhunderts ihre unbeschwerte Kindheit verbrachte.

Über Aschering und Landstetten huschen wir nach Andechs. Bereits von Weitem grüßt der typische Zwiebelturm der Andechser Klosterkirche zu uns herüber und – wenn wir das Visier ganz weit öffnen – sogar unwiderstehlicher Bratenduft. Das vollmundige Bier fließt ganzjährig in Strömen, und wie viele bayerische Schweine für die Schankbetriebe im Kloster ihre Hax'n verlieren, bleibt eines der wohl gehüteten Geheimnisse von Andechs.

Im quirlig mondänen Herrsching am Ammersee direkt vor den westlichen Klosterpforten können wir am Hafen kurz den Seitenständer ausklappen und entweder ein Boot der Bayerischen Seenschifffahrt zu einer kleinen Rundfahrt besteigen oder aber in einem der zahlreichen Cafés und Biergärten direkt an der Uferpromenade einkehren.

Immer am Wasser entlang führt unser weiterer Weg über Fischen Richtung Dießen. Technikbegeisterten Bikern empfehle ich hier einen Abstecher nach Raisting. 18 gewaltige Antennenschüsseln mit bis zu 32 Metern Durchmesser ragen dort postkartengleich in den weiß-blauen Himmel gleich neben der kleinen Kapelle St. Johannes auf Heiligenstätten. Aber aufgepasst: Die direkte Zufahrt zu den Riesenschüsseln ist nur Anrainern gestattet – ein Gebot, dessen Einhaltung allerdings meines Wissens nach selten kontrolliert wird …

Auf der Westseite des Ammersees führen zahlreiche Sackgassen hinunter zu herrlich gelegenen Camping-, Boots- und Aussichtsplätzen. Eine sehr schöne Seepromenade besitzt zum Beispiel Schondorf – schauen Sie dort unbedingt vorbei.

Kurz vor Eching setzen wir dann den Blinker rechts Richtung Inning, fahren einige Kilometer parallel zur A 96, bevor uns in Inning

IM INTERNET

www.fuenfseenland.de
www.starnbergersee-info.de
www.andechs.de

dann die Ruhe des Ammersees erneut einfängt. Auf kurvenreicher Landstraße geht es vorbei an Wörth-, Pilsen- und Weßlinger See nach Seefeld, einem beschaulichen Ort mit imposantem Schloss, das aber nur von außen besichtigt werden kann.

Drei Möglichkeiten stehen nun für die Heimreise zur Auswahl:

Entweder zügig retour über Hochstadt, Unterbrunn und Leutstetten – mit meinem Einkehrtipp vom Anfang des Kapitels! Oder: Für weltberühmte bayerische Kulinarik wenden Sie das Moped Richtung Süden und düsen über Widersberg nochmals zum Kloster Andechs.

Vielfältige Feierabendstimmung finden Sie am Starnberger See – wedeln Sie dazu über Perchting nach Starnberg und flanieren dann gemütlich entlang der Uferpromenade.

Für stille Momente: der Weßlinger See im Herbst

REISE-INFOS

Allgemeines

Das Fünf-Seen-Land lässt sich sowohl als eigenständige Tages- oder Wochenend-Tour in aller Ruhe genießen als auch mit einem ausführlichen Besuch der bayerischen Landeshauptstadt kombinieren.

Motorradfahren

Staugefährdet ist nur Starnbergs City, die Uferstrecken entlang der Seen bieten ein herrliches Revier für ganzjährig echte Kurvenhatz.

Sehenswürdigkeiten & Aktivitäten

Das Fünf-Seen-Land ist Oberbayern wie aus dem Bilderbuch: Eine ausgezeichnete Wasserqualität sorgt für jede Menge Badevergnügen, zahlreiche Segel-, Surf-, Kyte- und sogar Wasserskireviere stehen bereit.
Angler finden an allen Seen die Chance auf so manch kapitalen Fang. Wanderern und Radlern stehen über 200 km Wander- sowie über 300 km Radwege zur Verfügung. Und Golfer können zwischen acht 18-Loch-Plätzen wählen.
Die ganze Pracht einmal von oben anschauen kann man bei einer unvergesslichen Ballonfahrt. Infos unter www.blue-up.de oder www.ammersee-ballonfahrten.de.

Essen & Trinken

Schlossbiergarten von Leutstetten, www.schlossgaststaette-leutstetten.de;
Starnbergs Kultlokal Undosa direkt an der Uferpromenade, www.undosa.de;
Kloster Andechs, ein absolutes Muss im Fünf-Seen-Land, www.andechs.de;
Mühlfelder Brauhaus in Herrsching, 250 Jahre alt mit eigener Kleinbrauerei, www. muehlfelder-brauhaus.de;
Augustiner-Biergarten am Wörthsee, www.augustiner-woerthsee.de.

Fürstenfeldbruck und seine Rittersleut'

Prächtige Landschaften und überraschende Begegnungen mit dem Mittelalter würzen diese Rundtour.

Wahrlich – es muss nicht immer nur der Münchner Süden sein. Sowohl mit dieser als auch mit der nächsten Rundtour trete ich den Beweis an, dass auch in Münchens Norden und Nordwesten herrliche Tourenreviere liegen. Dieses Kapitel führt uns ins Fürstenfeldbrucker Land zu vielen Kurven und beinahe echten Rittern.

TOUR-CHECK

Start: *München*
Ziel: *München*
Tourencharakter: *Einsame Landstraßen, nette Städtchen, sehenswerte Kultur und Kurvenschwung vom Feinsten*
Tourenlänge: *160 km*
Kombinierbar mit Touren: *1, 2, 4*
Genussfaktor:
- ***Fahrerisch:*** ★★★★
- ***Sightseeing:*** ★★★★
- ***Kulinarisch:*** ★★★

Dazu fahren wir erst einmal hinaus aus der Stadt. Ganz Eilige können den Mittleren Ring sowie ein Stück der A 96 Richtung Lindau wählen. Deutlich gemütlicher geht es aber via Landstraßen über Maxhof und den idyllisch mitten im Wald gelegenen Biergarten am Forsthaus Kasten nach Gauting.

Bereits hier sind wir weit genug von der Großstadthektik entfernt und können unbeschwerten Kurvenschwung genießen. Der führt uns weiter nach Nordwesten Richtung Weßling am gleichnamigen See. Im Süden schließt sich hier übrigens die Tour 2 nahtlos an.

Bei Etterschlag unterqueren wir die A 96 und pendeln gemütlich hinein ins Fürstenfeldbrucker Land. Die Stadt selbst steht aber erst am Ende dieser Runde auf dem Tourenplan. Deshalb setzen wir in Schöngeising den Blinker links und fahren über Jesenwang und Kottgeisering nach Türkenfeld.

Gleich hinter St. Ottilien mit seinem imposanten Benediktinerkloster inmitten einer herrlichen Grünanlage huschen wir weiter über Geltendorf – und jedes Jahr im Bikersommer auch mitten hinein ins prächtige Mittelalter nach Kaltenberg. Falls Ihnen dort am Wegesrand ein Ritter mit Rüstung, Schwert und Lanze hoch zu Ross begegnet, einfach freundlich grüßen und ja nicht wundern. Dann ist nämlich Sommer in Oberbayern. Warum? Nun, lesen Sie meinen TopTipp zu dieser Tour.

Unfriedshausen, Pestenacker und Winkl – bereits anhand der folgenden Ortsnamen ersehen Sie, wie unsere weitere Tour verläuft: in des Wortes kühnster Bedeutung über die Dörfer.

Auch hier lautet **mein Tipp** an alle GPSler: Laden Sie sich unsere Wegpunkt-

Freies Geleit für Ritter und Biker: unterwegs rund um Kaltenberg

MEIN TOPTIPP – DAS KALTENBERGER RITTERTURNIER

Besitzen wir Motorradfahrer nicht eine angeborene Affinität zum alten Rittertum? Ich glaube schon. Und deshalb sollten wir uns das Top-Highlight dieser Region unbedingt einmal gönnen: das weltberühmte Kaltenberger Ritterturnier alljährlich im Juli. Prinz Luitpold von Bayern, Urenkel des letzten bayerischen Königs, erfüllte sich vor 30 Jahren einen Kindheitstraum: »Echte« Ritterspiele in einer historischen Umgebung für Groß und Klein – das inzwischen weltberühmte Kaltenberger Ritterturnier war geboren. Jedes Jahr im Sommer verwandelt es den Ort nahe Geltendorf in ein mittelalterliches Heerlager mit Märkten, Gauklern, Spielleuten, Quacksalbern, Narren und einer Schar »Cascadeurs«, deren Vorführungen auch abgebrühten Bikern den Atem stocken lassen. Und: 2009 feiert Kaltenberg sein 30-Jähriges ganz besonders groß. Toll und sehenswert, also bitte rechtzeitig reservieren! Alle Infos gibt es unter www.ritterturnier.de.

Welch prächtiges Klosterleben: Benediktinerabtei St. Ottilien

Datensätze auf Ihr GPS-System, und genießen Sie die Rundtour noch ein Stück intensiver.

Über Egling und Merching schwingen wir in den beschaulichen Markt Mering mit seinen zahlreichen Kirchen sowie einem hübschen Marktplatz, der immer freitags zu einem quirligen Wochenmarkt erwacht. Kein Geringerer als Paul von Hindenburg, deutscher Reichspräsident, wurde hier in Mering 1847 geboren. Übrigens: Direkt am Marktplatz liegt das Traditions-Gasthaus »Andechser in Mering«, dessen original bayerische Küche bereits mehrfach prämiert wurde. Hier schmeckt ein Einkehrschwung ganz besonders gut.

IM INTERNET

www.fuerstenfeldbruck.de
www.ritterturnier.de
www.gauting.de

Danach geht es retour Richtung Westen, grobe Richtung Fürstenfeldbruck. Über Ried, Tegernbach und Mittelstetten erreichen wir Mammendorf im Dunstkreis der großen Kreisstadt. Doch auch hier, nur wenige Kilometer entfernt, ist von Stau und roten Ampeln überhaupt nichts zu finden. Kurvenreich schwenkt die Landstraße über weite Ebenen mit Weizen- und herrlich farbenfrohen Rapsfeldern, deren Genuss wir mit einem Schlenker über Ober- und Unterschweinbach sowie Maisach noch verlängern können.

Mein Tipp zur schönsten Reisezeit für diese Runde: Ganz besonders farbenfroh liegt das Land natürlich im Frühling sowie im Herbst zur Erntezeit vor unseren Reifen. Allein der Anblick reifer Rapsfelder unter weiß-blauem Bayernhimmel ist unvergesslich!

Ein Besuch im ehemaligen Wittelsbacher-Besitztum Fürstenfeldbruck kann auch unvergesslich sein, verschmelzen hier doch lebendiger Alltag und Tradition zu einer sehenswerten Melange. Vorbei am gewaltigen Bau des einstigen Zisterzienser-Klosters Fürstenfeld treiben wir das Motorrad mitten hinein in die quirlige Altstadt.

Hübsch restaurierte Bürgerhäuser entlang der Amper bilden hierbei ebenso den Reiz der Stadt wie der als idyllisches Naherholungsrefugium umgestaltete Pucher See in ihrem Norden. Zahlreiche nette Biergärten sowie ein prallvoller Veranstaltungskalender würzen den Besuch der Stadt zudem.

Und den Tourentag wahrlich zünftig beschließen können wir im historischen Klosterstüberl direkt am Kloster Fürstenfeld, einem Biergarten-Restaurant mit original bayerischer Küche und frisch gezapftem bayerischem Bier. Ja, so ein »Klosterleben« hat schon seine Reize …

Kurve folgt auf Kurve: unterwegs im Fürstenfeldbrucker Land

REISE-INFOS

Allgemeines

Nicht nur eine landschaftliche Idylle, durchsetzt von urgemütlichen Dörfern und kleinen Städten, sowie die unbändige Lust auf Feste und Feiern würzen diese Tour durch das Fürstenfeldbrucker »Ritterland«.

Motorradfahren

Kurvenreich geht es auf und ab durch eine vielfältig sehenswerte Region, in der rote Ampeln oder gar Stau keinerlei Existenzberechtigung besitzen.

Sehenswürdigkeiten & Aktivitäten

Vor allem die stillen Landschaften und die beschaulichen Dörfer bilden den Reiz dieser Region. Fürstenfeldbruck lohnt eine ausgiebige Erkundung, und das erwähnte Ritterturnier ist ein sommerlicher Pflichttermin – allerdings auch gut besucht. Rechtzeitige Reservierung wird empfohlen!

Essen & Trinken

Forsthaus Kasten nahe Gauting, www.forst-kasten.de;
Gasthaus Gautinger Hof in Gauting, www.gautingerhof.de;
Gasthof Andechser in Mering, www.andechser-mering.de;
Klosterstüberl am Kloster Fürstenfeld, www.klosterstueberl.de

Im Dachauer Land

Dachau und sein Hinterland sind das perfekte Refugium für eine Motorradtour ohne Hast und Eile, denn nur dann entfaltet das Gebiet seinen ganzen Charme.

TOUR-CHECK

Start: Dachau
Ziel: Dachau
Tourencharakter: Einsame, kurvenreiche Landstraßen führen uns durch historische Dörfer, in denen das Leben noch niemals überlaut brummte.
Tourenlänge: 140 km
Kombinierbar mit Touren: 3, 5
Genussfaktor:
- **Fahrerisch:** ★★★★★
- **Sightseeing:** ★★★★★
- **Kulinarisch:** ★★★★★

Aussichts- und geschichtenreich: Schloss Dachau

Diese Tour führt uns durch die Heimat des berühmten Volksdichters Ludwig Thoma. Beginnen wir sie mit einem Brunch in wahrhaft herrschaftlicher Umgebung, im Schlosscafé zu Dachau, mit weitem Blick auf Stadt und Land.

Mein Tipp: Auch ein echter »Sundowner« im Schlosscafé krönt diese Runde durch eine Landschaft, in der es viel mehr zu entdecken gibt, als nur die mahnenden Spuren unehrenhafter deutscher Geschichte.

Uraltes, holpriges Kopfsteinpflaster führt uns durch die sich um den Schlossberg schmiegende, sehenswerte Altstadt Dachaus hinunter. Über Herbertshausen, Ampermoching und Haimhausen schwingen wir nach Nordosten, ignorieren tunlichst die verkehrsreiche B 13 und orientieren uns stattdessen an den kleinen Wegweisern. Die Strecke führt durch eine leicht hügelige Agrarlandschaft mit weitem Horizont, in der bereits die Kelten siedelten, lange bevor die Römer die erste befestigte Straße bauten.

Immer entlang der Amper, die A 9 unterquerend, führt unser Weiterweg über Weng und Gesseltshausen zum Badeparadies Kranzberger See, dessen Seehauswirt mit seinem nett gelegenen Biergarten schon so manchen Biker von der eigentlichen Tourenplanung abgebracht haben soll.

Mein Tipp: Unbedingt kurz den Seitenständer ausklappen und beim Seewirt pausieren. Wer es ein wenig vornehmer – allerdings auch teurer – mag, der sollte in Allershausen gen Westen abzweigen. Direkt an der fröhlich mäandernden Glonn, umgeben von einem breiten Wassergraben, liegt prächtig herausgeputzt Schloss Hohenkammer aus

dem 15. Jahrhundert vor unseren Reifen. Eine große Münchner Versicherungsgesellschaft ist heutiger Eigentümer des Anwesens, das als Akademie, Hotel und vorzügliches Restaurant einen guten Ruf genießt (alle Infos unter www.schlosshohenkammer.de).

Anschließend folgen wir den kleinen Wegweisern über Petershausen, Jetzendorf und Hilgertshausen nach Altomünster. Kurvenhatz vom Feinsten bieten die stillen Landstraßen rund um das berühmte Kloster. Ein irisch-schottischer Einsiedler soll vor 1255 Jahren das heutzutage einzige Birgittinnen-

MEIN TOPTIPP - SCHLOSS DACHAU

Die Grafen von Dachau bauten um das Jahr 1100 auf dem damaligen Giglberg das seit 1573 immerhin vierflügelige Renaissance-Schloss, das neben einer bewegten Geschichte sowie einer herrlichen Gartenanlage heutzutage vor allem noch eines zu bieten hat: einen grandiosen Blick auf Stadt und Land. Von 1546–77 ließen Herzog Wilhelm IV. und sein Sohn Herzog Albrecht V. die imposante Burganlage zu einer mächtigen Vierflügel-Schlossanlage um- und ausbauen. Aus dieser Zeit stammt die prunkvolle Renaissance-Holzdecke im Hauptsaal des Schlosses, die als eine der bedeutendsten in Süddeutschland gilt. Anfang des 19. Jh. wurden leider drei Viertel der Schlossanlage abgebrochen, und nur der barocke Saaltrakt sowie der auch heute noch überaus sehenswerte, weitläufige Garten blieben erhalten. Das heutige Schloss Dachau beherbergt ein gemütliches Café mit Restaurant sowie angrenzend einen weithin beliebten Biergarten. Und: Eine grandiose Aussicht auf die Stadt und das Land bis weit nach München gibt es gratis bei jedem Besuch dazu. Alle Infos gibt es unter www.schloesser.bayern.de.

Weites Land: Die Straßen um Dachau gehören uns allein

kloster Deutschlands begründet haben. Ursprünglich als Benediktinerabtei erbaut, schmückt die imposante Klosteranlage der Nonnen der Heiligen Birgitta von Schweden bis heute den Ort.

Kennen Sie ein Schloss mit eigenem Autobahnanschluss? Romantische Beschaulichkeit, kombiniert mit Vollgas-Hektik sozusagen. Nun, in Odelzhausen passt das zusammen. Folgen wir den zahlreichen Wegweisern Richtung Ort und dessen Mitte. Das in Teilen noch recht gut erhaltene Schlossgut aus dem 12. Jahrhundert liegt zwar in Sichtweite zur lärmenden A 8, es konnte sich aber dennoch sein historisches Ambiente weitestgehend bewahren. Im Wehrturm ist ein kleines Hotel zu finden.

IM INTERNET

www.dachau.de
www.dachauerland.info
http://de.wikipedia.org/wiki/Ludwig_Thoma

Mein Tipp für diesen Streckenabschnitt lautet aber: der Brauerei-Biergarten von Schloss Odelzhausen mit sehenswertem Bräustüberl. Immerhin schon seit dem Jahr 1450 wird hier leckeres Bier gebraut. Aber Achtung: Der »Operator« ist ein äußerst würziger und starker Doppelbock, den wir uns erst am Feierabend nach der Fahrt gönnen sollten. Machen Sie es wie ich: Nehmen Sie einfach ein paar Flaschen im Topcase mit nach Hause.

Apropos Schloss: Bevor wir uns, wie eingangs versprochen, zum »Sundowner« auf dem Dachauer Schloss einfinden, sollten wir noch einen Blick nach Markt Indersdorf und auf dessen gleichnamiges Kloster werfen. Über Wenigmünchen, Einsbach und Sulzemoos schwingen wir in die Marktgemeinde. Das gewaltige Augustiner-Chorherrenstift aus dem Jahr 1120 dominiert das sehenswerte Stadtzentrum, und direkt am Stift lockt der schattige Klosterbiergarten als weithin bekannter Bikertreff. Und nach Dachau sind es auch nur noch gute 18 Kilometer prächtige Landstraße.

Perle an der Glonn: Schloss Hohenkammer

REISE-INFOS

Allgemeines
Kennen Sie Ludwig Thoma und seine Geschichten? Jener humorvolle und lebensfrohe bayerische Autor war eigentlich Rechtsanwalt in Dachau. Und resümierend soll der 1921 gestorbene Volksdichter einmal gesagt haben: »Wenn ich zurückdenke, am schönstens war's doch in Dachau …« Wie wahr! Aber schauen Sie selbst …

Motorradfahren
Der Genuss dieser Tour liegt vor allem in ihrem herrlich kurvenreichen und völlig einsamen Landstraßen, auf denen wir das schönste Hobby der Welt exzessiv betreiben können.

Sehenswürdigkeiten & Aktivitäten
Sehenswert in Geschichte und Gegenwart ist das Dachauer Schloss; die Stadt selbst präsentiert ihre durchaus wechselvolle Geschichte unter www.dachau.de. Alle Infos und weithin bekannten Events zu Schloss Hohenkammer finden sich unter www.schlosshohenkammer.de. Vergangenheit und Gegenwart von Schloss Odelzhausen wiederum werden unter www.schlosshotel-odelzhausen.de erzählt.

Essen & Trinken
Café-Restaurant Schloss Dachau, www.cafe-restaurant-schloss-dachau.de;
Brauerei-Biergarten Schloss Dachau, www.schlossberg-garten.de;
Seehauswirt Kranzberg, direkt am Seeufer, täglich ab 10 Uhr, Tel. 08166/57 60;
Gasthof-Biergarten Maierbräu von Altomünster, www.maierbraeu.de.

Nix los im Erdinger Moos?

Das Erdinger Moos bietet mit seiner schönen Landschaft noch viel mehr als nur das Technikwunder Großflughafen.

Leicht war das Leben im Erdinger Moos wohl noch nie: Deutschlands einstmals größtes Moorgebiet hatte über viele Jahrtausende eine lebensfeindliche Landschaft gebildet. Doch kaum hatte man dem Moor fruchtbaren Ackerboden abgerungen, da verkündete die bayerische Staatsregierung, dass man den Münchner Flughafen hinaus ins Erdinger Moos verlegen wolle. 1992 wurde er in Betrieb genommen und beeinflusst bis heute das Bild dieser Landschaft wie kein anderes Bauwerk.

TOUR-CHECK

Start: *Erding*
Ziel: *Erding*
Tourencharakter: *Genusstour, pendelnd zwischen Hightech und stillen, kurvenreichen Landstraßen*
Tourenlänge: *170 km*
Kombinierbar mit Touren: *4, 6, 7*
Genussfaktor:
- ***Fahrerisch:*** ★★★★
- ***Sightseeing:*** ★★★
- ***Kulinarisch:*** ★★★

Als Ausgangs- und Endpunkt unserer Tour wählen wir Erding, eine quirlige Kreisstadt, deren Berufsverkehr allerdings oftmals nervenaufreibend ist, sodass viele meiner Bikerfreunde lieber einen ganz besonders großen Bogen um Erding machen.

Mein Tipp: Legen Sie diese Tour durch das Erdinger Moos auf einen Sonntag. Dann gehören viele Straßen Ihnen allein – und das sogar im Sommer zur Ferienzeit!

Über Neuching und Firnsing düsen wir nach Süden aus der Kreisstadt hinaus in die Reste dieser alten Moorlandschaft. Großflächige Speicherseen entlang des künstlichen Isarkanals sammeln die Wasser der zahlreichen Bachläufe und Flüsschen und entwässern auch heute noch das Land. Alemannische Suaben, also Schwaben, gründeten den bodenständigen Ort Markt Schwaben, der heute sowohl von seiner Nähe zu München als auch zu Erding profitiert. Im beschaulichen Ortszentrum laden ein paar Cafés zum Einkehrschwung, zum zweiten Frühstück oder auch zu Kaffee und Kuchen.

Doch nun erst einmal genug von Kreisstädten und Marktgemeinden, wenden wir uns lieber den richtigen Dorfstraßen zu. Gleich hinter Forstern geht es los, in des Wortes kühnster Bedeutung. Über Wetting, Neuharting und Loipfing fährt man auf Entdeckungsreise durch eine Altmoränenlandschaft, in der auch hoch auflösende GPS-Detailkarten nur noch sehr zögerlich rechnen. Lassen Sie sich nicht verwirren –

Pflichttermin in Erding: Emanuels Cafe am Stadtplatz

MEIN TOPTIPP – HINTER DEN KULISSEN EINES GROSSFLUGHAFENS

Ein hochmoderner Großflughafen ist nicht nur eine technische, sondern auch eine logistische Meisterleistung, und das jeden Tag des Jahres. Allen technikbegeisterten oder auch fernwehgeplagten Bikern kann ich eine der sehens- und erlebenswerten Besucher-Veranstaltungen des Flughafens München mit Führungen, Rundfahrten und Multimedia-Shows wärmstens empfehlen: Über 40 Stationen eines Flughafenbetriebs werden erläutert und besichtigt (zwischen November und Februar übrigens auch abends unter voller – z. T. sogar weihnachtlicher – Beleuchtung). Und zum Abschluss besuchen Sie noch den Aussichtshügel am Rand des Flughafens. Die silbernen Vögel in die untergehende Sonne starten zu sehen – das hat schon was. Alle Infos, Termine und Preise gibt es unter www.munich-airport.de, Bereich Airport-Touren.

Gemütlichkeit ist Trumpf: unterwegs im Erdinger Moos

genießen Sie einfach die Gewissheit, auch auf unbekannten Wegen stets und überall die Zivilisation in greifbarer Nähe zu haben.

Beinahe wäre es den einfallenden Ungarn im 10. Jahrhundert wohl gelungen, den Markt Isen von allen Landkarten zu tilgen. Doch es gibt ihn noch, heutzutage gemütlich gelegen rund um die sehenswerte Stiftskirche St. Zeno, deren Grundmauern und geschichtliche Wurzeln immerhin zu den ältesten der Klöster Altbayerns gehören. Etwas breiter werden unsere Straßen auf dem weiteren Weg Richtung Dorfen, einem wahren Kleinod mittelalterlicher Städtebaukunst. Weite Teile der unbedingt sehenswerten Altstadt stehen unter Ensemble- oder Denkmalschutz – eine Erkundung zu Fuß ist nicht zuletzte deswegen sehr lohnend.

Weiter Blick: Landstraßen im Erdinger Land

IM INTERNET

www.munich-airport.de
www.erding.de
www.dorfen.de

Mein Tipp: Stellen Sie das Bike am Brothaus ab, schlendern Sie umher, genießen Sie eine Pause in einem der Cafés, und beobachten Sie das sprudelnde Leben.

Danach räubern wir wieder über die Dörfer, folgen über Hampersdorf, Jakob- und Johannrettenbach den Wegweisern nach Taufkirchen. Dessen Wasserschloss ist zweifelsohne das bedeutendste Kulturgut und der ganze Stolz der Vilsgemeinde. Ein Prunkstück, das es sich allerdings auch zu leisten gilt, verschlingt doch der Unterhalt Jahr für Jahr Unsummen. Da stellen auch die Teil-Verwendung als psychiatrisches Fachkrankenhaus sowie die Vermietung der Räume für Veranstaltungen höchstens den berühmten Tropfen auf dem heißen Stein dar.

Tja, und von hier aus ist das Ende unserer Tour bereits zum Greifen nahe: Erding ist gerade einmal noch 19 Kilometer entfernt. Technikfreunden und all denjenigen mit immerwährendem Fernweh sei unbedingt noch mein TopTipp (siehe S. 21) empfohlen. Und wer das Glück hat, in seinem Tankrucksack noch ein, zwei Tage Zeit in Reserve zu haben, dem sei die im Norden anschließende Tour 7 in die Hallertau ans Herz gelegt. Eine ideale Kombination für all diejenigen, die jetzt noch nicht gleich nach Hause zurück wollen.

Vernichtet zuverlässig alle Hektik: Enten füttern am Schloss von Taufkirchen

REISE-INFOS

Allgemeines

Das Erdinger Moos ist eine der stillen Perlen Oberbayerns, eine der Regionen, die gern bei der Suche nach einem schönen Tourenziel schlichtweg übersehen werden. Aber das ist wahrlich sträflich, wie Sie mir spätestens am Ende dieser Rundtour bestätigen werden.

Motorradfahren

Sofern Sie die Große Kreisstadt Erding während der wochentäglichen Rushhour meiden, gehören das Land und seine kurvenreichen Straßen auf weiter Strecke Ihnen und dem Motorrad.

Sehenswürdigkeiten & Aktivitäten

Viele Informationen zum alten Erdinger Moos und dessen langer Siedlungsgeschichte finden sich auf der Homepage des »Historischen Lexikons Bayerns« unter www.historisches-lexikon-bayerns.de.
Vor allem das historische Dorfen sowie Taufkirchen, Erding und auch Markt Schwaben lohnen eine ausgiebige Erkundung, zumal sie ebenfalls eine ansprechende Vielfalt an Einkehrmöglichkeiten zu bieten haben. Aber auch entlang des Weges finden sich herrlich gelegene Marktplätze, bei denen es durchaus lohnenswert sein kann, für mehr als eine Zigarettenpause den Seitenständer auszuklappen.

Essen & Trinken

Kultiger Bikertreff ist der historische Stadtplatz von Erding, u. a. mit dem Emanuel's Café, Schrannenplatz 2, Tel. 08122/22 95 95;
Historischer Biergarten Waitl-Bräu in Dorfen mit mittelalterlicher Stube, www.waitl-gaststaette.de.

Zwischen Inn und Salzach

Viele Straßen dieser Region verdienen das »Grüne Band landschaftlich schöner Strecken«. Warum sie es bis heute nicht tragen, ist Rätsel und Skandal zugleich.

Diese Tour führt uns von Leckerbissen zu Leckerbissen. Beginnen wir gleich mit einem optischen: Starten wir unsere Tour in Wasserburg am Inn. Von drei Seiten wird das alte Salzhandelsstädtchen vom Fluss umschlossen und gleicht in seinem historischen Kern einem Freilichtmuseum mit freiem Eintritt.

TOUR-CHECK

Start: *Wasserburg am Inn*
Ziel: *Wasserburg am Inn*
Tourencharakter: *Fahrgenuss und Sightseeing in einer auf weiter Strecke einzigartigen Kombination*
Tourenlänge: *175 km*
Kombinierbar mit Touren: *5, 8*
Genussfaktor:
- ***Fahrerisch:*** ★★★★
- ***Sightseeing:*** ★★★★
- ***Kulinarisch:*** ★★★

Mein Tipp: Gönnen Sie sich auf jeden Fall einen Einkehrschwung in einem der zahlreichen Cafés oder Biergärten im Zentrum. Mittelalter und Gegenwart verschmelzen hier zu einer einzigartigen Melange.

Am Inn entlang führt unsere Route gen Norden. Babensham, Schambach, Stadl, Elsbeth und all die anderen Orte führen uns auf oftmals einsamen Pfaden nach Waldkraiburg. Wir queren den herrliche Schleifen in die Landschaft legenden Inn, um dieser gerade einmal 50 Jahre alten Stadt (nach Rosenheim übrigens die größte Südostbayerns) unsere Aufwartung zu machen. Danach schwingen wir auf landschaftlich schöner Strecke am Nordufer des Inn entlang ins 1000-jährige Mühldorf. Erst 1802 wurde die eigentlich auf eine salzburgische Gründung zurückgehende Stadt nach vielen Streitigkeiten dem Bayernland angegliedert. Heutzutage begeistert sie durch ihre schmucken Fassaden und den monumentalen Marktplatz, auf dem tagein, tagaus das Leben brummt.

Gänzlich andere Betriebsamkeit herrscht hingegen im fast schon sakralen Altötting. Über Hölzling und Töging am Inn erreichen wir den wohl berühmtesten Wallfahrtsort Oberbayerns. Vor allem an Wochenenden herrscht hier ein hohes Reisebus-Aufkommen; dann empfehle ich, einfach gen Osten abzutauchen in ein prachtvolles Hier und Heute. Der Anblick Burghausens, an der Grenze zu Österreich, ist überwältigend, und vom österreichischen Ufer aus hat man einen grandiosen Blick auf die längste Burg Europas, die insgesamt über einen Kilometer lange Wehranlage hoch über der Stadt. Für deren Anblick überqueren wir die Salzach, füllen ganz nebenbei auf österrei-

Perle am Inn: Wasserburg mit historischer Altstadt

MEIN TOPTIPP – EIN TIEFER BLICK IN DIE GESCHICHTE

Das Bauernhausmuseum Amerang entführt den Besucher in die Vergangenheit, in längst vergangenes Leben und Arbeiten in jener Region zwischen Inn und Salzach. Historisch authentische, original eingerichtete Bauernhäuser, Werkstätten und technische Anlagen aus fünf Jahrhunderten vermitteln ein anschauliches Bild und laden zu einem Spaziergang durch die Zeit.
Im angrenzenden Museumsladen kann ein Stück Geschichte mit nach Hause genommen werden: Dort werden Sie fündig, ganz gleich, ob Sie Produkte aus dem bayerischen Kunsthandwerk suchen oder Trachtenbekleidung/-schmuck, Bilder und Töpferwaren.
Und wen die Zeitreise erschöpft hat, der kann sich im gemütlichen Museumsstüberl mit authentischem Dorfbiergarten Brotzeiten, regionaltypische Speisen und hausgemachte Kuchen gönnen. Alle weiteren Infos dazu gibt's unter www.bauernhausmuseum-amerang.de.

Echt hoch hinaus: Keck grüßt der Haag aus einer immergrünen Landschaft

chischer Seite unser Benzinfass günstig randvoll und genießen auf dem Rückweg vom ausgeschilderten Aussichtspunkt den Anblick der vom Fluss umspülten Stadt. Gönnen Sie sich doch danach in einem der zahlreichen Cafés im mittelalterlichen Kern Burghausens eine leckere Pause – das Ambiente ist einfach grandios.

Immer auf Tuchfühlung zur Salzach, dem deutsch-österreichischen Grenzfluss, düsen wir nach Süden und gelangen über Wechselberg und Nonnreit nach Tittmoning. Übrigens: Tittmoning und das nahe Laufen lieferten Originalschauplätze für die bayerische Kultserie »Königlich Bayerisches Amtsgericht«. Der legendäre Biergarten der Postbrauerei aus dem Abspann war hier noch bis in die 1990er-Jahre im Original zu finden. Direkt in der historischen Ortsmitte.

Von Mai bis in den Oktober starten von Tittmoning aus auch die sogenannten »Plättenfahrten« auf der Salzach Richtung Burghausen. Diese Plätten sind Nachbildungen der mittelalterlichen Salzkähne, mit denen das weiße Gold salzachabwärts gebracht wurde. Heute ist so eine Fahrt ein Vergnügen für die ganze Familie. Außerhalb der Stadt ist die Nähe zum Chiemsee allerorten zu spüren. Das hügelige Land ziert ein weiter Horizont, an dessen Rand die Chiemgauer Alpen zu uns herüberblitzen. Aber das ist eine gänzlich andere Geschichte – natürlich aus diesem Buch.

Bei Altenmarkt treffen wir auf die Alz und folgen dem Fluss nach Trostberg mit seinen hübschen, erkerverzierten Bürgerhäusern im typischen Inn-Salzach-Stil. Bevor wir uns dann unserem Ausgangspunkt Wasserburg nähern, lassen Sie uns noch ausgiebig über die Dörfer räubern. Über Tacherting geht es nach Garching an der Alz, einem Städtchen, das jahrhundertelang hin- und hergerissen wurde zwischen Bayern und Österreich. Hier, im sogenannten Öttinger Land, gehen die Uhren noch immer ein wenig anders, eine Spur langsamer. Die Maibäume und Kirchen sind der Stolz eines jeden Dorfs, deren Lebensqualitäten schon so manchen Stadtmenschen zur Abkehr von Hektik und Alltagslärm bewogen haben. Aber das ist auch gut so, denn das

IM INTERNET

www.wasserburg.de
www.burghausen.de

macht den Reiz dieser stillen, unspektakulären Landschaft schlussendlich aus.

Und im beliebten Bauernmuseum zu Amerang, nur 15 Kilometer südöstlich unseres Tourenendpunkts Wasserburg, kann man nochmals tief eintauchen in die gute alte Zeit, als auch das »Königlich Bayerische Amtsgericht« meist noch mit dem Urteil »Freibier« endete.

Knallbunt und sehenswert: das Zentrum von Burghausen

REISE-INFOS

Allgemeines

Rund um Wasserburg, die Perle am Inn, gruppieren sich weitere historische Städte wie aus dem bayerischen Bilderbuch. Und all diese Pracht verknüpfen herrliche Landstraßen entlang weiter Flussauen – das ist Oberbayern von seiner schönsten Seite.

Motorradfahren

Wasserburg ist an Wochenenden gut besucht, auch von Reisebus-Kohorten; außerhalb dieses Touristen-Highlights geht der Verkehr aber rasch gegen Null.

Sehenswürdigkeiten & Aktivitäten

Wasserburg ist eines der städtebaulichen Highlights dieser Tour und einen ausführlichen Rundgang wert. Mittelalterliche Gassen, Laubengänge und verschnörkelte Erker begeistern jeden Besucher. Infos unter www.wasserburg.de. Noch eine Steigerung erfährt der Besucher allerdings beim Anblick Burghausens mit seiner 1043 m und damit längste Burg Europas. 1 ½ Stunden dauern die erlebenswerten Führungen durch die äußeren Burganlagen, doch den schönsten Blick auf diese historische Pracht hat man zweifelsohne vom österreichischen Salzach-Ufer aus. Infos unter www.burghausen.de.

Essen & Trinken

Altstadtcafé Vier Jahreszeiten, Burghausen, Stadtplatz 95, Tel. 08677/44 13;
Biergarten-Restaurant Florianistube in Tittmoning, mit Bikertreff der Region, Stadtplatz 44, Tel. 08683/10 32;
Café + Brothaus Die Schranne in Wasserburg, Marienplatz 2, im historischen Herzen der Stadt.

Hallertauer Fluchkraut

Zur Hopfenernte auf zwei Rädern durch die Hallertau – das ist nicht nur für Biertrinker ein Highlight.

Sie glauben, dass Biken und Biergenuss nicht zusammenpassen? Nun, dann schauen Sie mal und lassen Sie sich überraschen …

TOUR-CHECK

Start: *Abensberg*
Ziel: *Kloster Scheyern*
Tourencharakter: *1001 Kurven durch die Geschichte des Gerstensafts – das ist echt bayerischer Genuss.*
Tourenlänge: *175 km*
Kombinierbar mit Touren: *6, 8*
Genussfaktor:
- **Fahrerisch:** ★★★★
- **Sightseeing:** ★★★
- **Kulinarisch:** ★★★★

Das Städtchen Abensberg als nördliches Tor der Hallertau ist unser Ausgangspunkt. Durch das fahnengeschmückte Zentrum düsen wir hinaus in die Hopfenlandschaft – »Fluchkraut« wird der Hopfen übrigens auch genannt, diese rechtswindende Schlingpflanze, die trotz modernster Anbau- und Düngemethoden eine der empfindlichsten Nutzpflanzen der Welt ist. Zu feucht darf es nicht sein, aber auch nicht zu trocken, nicht zu kalt und nicht zu heiß.

Kloster Biburg lockt uns wenige Kilometer weiter direkt am Ufer der Abens zu einem weiteren Abstecher. Schlicht, schnörkellos und monumental erhebt sich das romanische Baudenkmal in den blauen Sommerhimmel. Benediktiner, Jesuiten und Malteser besaßen die sehenswerte Anlage im Lauf der Jahrhunderte, bevor sie zu Beginn des 19. Jahrhunderts an den bayerischen Staat fiel. Über Alzhausen, Rottenburg an der Laa-

Unterwegs im Hopfenland: Ortsschild von Nandlstadt

Pure Lebensfreude: Marktplatz von Abensberg

MEIN TOPTIPP – ERLEBNIS HOPFEN

Eigentlich kommt er ja aus China. Doch nicht nur bei uns wird es manch einem Zeitgenossen gar nicht gefallen, dass wir einer Erfindung der Chinesen die Vielfalt und Würze unseres Bieres zu verdanken haben. Aber es hilft nix! Die Chinesen haben die nach Gerste und Weizen wichtigste Zutat unseres Bieres kultiviert – den Hopfen.

Irgendwie und irgendwann kam die Pflanze dann über den Kaukasus auch zu uns. Bereits die überaus trinkfesten Germanen mischten den Hopfen ihrem bierähnlichen Gebräu unter, und schließlich im Konzil zu Aachen 817 erhob man das bis dato »heidnische Gesöff« zu einem offiziellen Heiltrank, der in Klöstern und an europäischen Fürstenhöfen gebraut werden durfte.

Überhaupt ist der Hopfen ja ein wahres Multitalent. Seine Gerbstoffe klären das Bier und konservieren es, seine Bitterstoffe prägen – je nach Beimischung – den Geschmack. Entblättert man die zarte Dolde, kommen kleine, gelbe Kügelchen zutage. Sie enthalten das Lupulin, den Aromastoff, der in Mengen von 120–150 g je Hektoliter der Maische zugefügt wird und die unverkennbare Würze jeder Biersorte ausmacht.

In eben jener Tourenregion Hallertau liegt eines der größten Anbaugebiete dieser Heilpflanze. Vor allem zur Erntezeit im August kann man das spannende Thema auch als Biker hautnah erleben: bei der fröhlichen Kurvenhatz über herrliche Landstraßen und bei Hopfenfesten allerorten – natürlich mit Hopfenkönigin und großem Gefolge!

Alle Infos gibt's unter www.hopfenland-hallertau.de.

Kommt eigentlich aus China: erntereifer Hopfen in der Hallertau

ber und Pfeffenhausen schwingen wir in begeisternder Kurvenhatz durch die Landschaft. Alljährlich im August verfolgt uns dabei ein permanentes, tiefes Dröhnen. Die Hopfenernte läuft auf Hochtouren, und überall werkeln in den Hügeln gewaltige Hopfenzupfmaschinen, riesige Apparate, die mit bürstenden Bewegungen die zarten Pflanzendolden von den meterlangen Stauden trennen.

Das beschauliche Moosburg an der Isar, ganz im Süden der Tour, empfängt uns bald darauf zur gemütlichen Einkehr, bevor es anschließend über Attenkirchen nach Au in der Hallertau geht, mitten hinein ins »Herz des Hopfengaus«. Das sehenswerte Städtchen besitzt zusammen mit nur dreizehn anderen Gemeinden der Hallertau das sogenannte »Siegelrecht«, also das Recht, die Hopfenballen zu versie-

Echt königlich: Majestät zupft in der Hallertau natürlich selber mit

geln und damit dessen Qualität und Herkunft zu beurkunden. Über das historische Mainburg geht es immer entlang des Flüsschens Abens gen Norden. Dabei vermeiden wir ganz bewusst die verkehrsreiche B 301, suchen stattdessen die Landstraßen über Atten- und Ratzenhofen, überqueren bei Elsendorf die Autobahn und wenden uns im Anschluss daran Richtung Vohburg und Donau.

Mein Tipp: Sofern Sie auf eines dieser quirligen Hopfenzupferfeste inklusive Hopfenkönigin treffen, steigen Sie spontan kurz in die Eisen, und genießen Sie das Schauspiel. Es lohnt sich!

Entlang der Ilm pendeln wir sodann gemütlich Richtung Süden. Kurz hinter Königsfeld lockt uns der Wegweiser ins 1200-jährige Wolnzach. 1886 wurde hier die »Hopfenpräparieranstalt« gegründet, ein be-

Beliebter Bikertreff in Pfaffenhofen: Biergarten-Hotel Müllerbräu

deutendes Institut zur Erforschung und Veredelung der Pflanze. Zwanzig Prozent des gesamten Hopfens der Hallertau werden in Wolnzach abgewogen und versiegelt und machen den Ort damit zu einem der bedeutendsten Umschlagplätze. Nur wenige Kilometer weiter begrüßt uns der sehenswerte Markt Pfaffenhofen. Hier heißt es unbedingt anhalten und den mit prachtvoll restauriertem Fachwerk reich gesegneten Marktplatz erkunden. Anschließend treffen sich die Biker der Region gern zu einer Verschnaufpause beim Müllerbräu, einem historischen Biergarten im Zentrum der Stadt.

Mein Tipp: Hier oder wenige Kilometer weiter, am berühmten Kloster Scheyern, können wir den Tourentag genüsslich ausklingen lassen. Benediktiner bauten die ehemalige Ritterburg dereinst zu einer imposanten Klosteranlage um. Der schattige Klosterbiergarten ist einer der schönsten dieses Buches.

IM INTERNET

www.abensberg.de
www.mainburg.de
www.gillamoos.de

Für Entdecker: das Hopfenland der Hallertau

REISE-INFOS

Allgemeines
Ganz im Osten Münchens findet sich eine grandiose Bikerregion, ohne die es den deutschen Biergenuss nicht gäbe – die Hallertau, eine ganzjährig stille Landschaft zwischen Isar und Donau, die es faustdick hinter den Ohren hat.

Motorradfahren
Kurvenreiche Landstraßen führen uns in abwechslungsreichem Auf und Ab durch eine idyllische Landschaft. Vorsicht im August: Zur Erntezeit liegen oftmals recht schlüpfrigen Hopfendolden auf der Piste.

Sehenswürdigkeiten & Aktivitäten
Einige Privatbrauereien gestatten interessante Blicke in ihre Kessel, beispielsweise die weit über 400 Jahre alte Schlossbrauerei Au-Hallertau (Kontakt: www.schlossbraeukeller.de). Das Hopfen- und Heimatmuseum Mainburg bietet einen sehenswerten Querschnitt durch das Land, die Traditionen und die Geschichte des Hopfens. Infos unter www.mainburg.de.
Das Gillamoos-Fest ist der älteste und größte Jahrmarkt der Hallertau und wird seit dem Jahr 1313 gefeiert (jährlich am ersten Septemberwochenende). Infos unter www.gillamoos.de.

Essen & Trinken
Historische Schlossbrauerei in Au in der Hallertau, mit urigem Schlossbräukeller und Biergarten, www.schlossbraeukeller.de; Bikertreff & Traditionsbrauhaus Müllerbräu in Pfaffenhofen, direkt am historischen Hauptplatz, www.muellerbraeu.com.

Zu den heiligen Wassern im Bäderdreieck

Das berühmte Bäderdreieck zwischen Passau und Salzburg sollten wir keinesfalls kampflos den kurenden Rentnern überlassen.

Satte 500 Jahre Marienwallfahrt haben Altötting, den kontrastsetzenden Ausgangspunkt unserer Tour, geprägt. So haben im selbst ernannten »Herzen Bayerns«, unweit der Ufer des Inns, nahezu jeder Stein und jedes Haus eine Geschichte zu erzählen. Kaiser und Könige, Herzöge und sogar Päpste kamen in die sehenswerte Stadt, die auch in unseren rastlosen Tagen noch von über einer Million Pilger pro Jahr profitiert.

Über Emmerting und Haiming begleiten wir anschließend schwungvoll die Vereinigung von Inn und Salzach, folgen dann dem Inn Richtung Braunau und erreichen Europas beliebtesten Kurort, Bad Füssing, im weiten Flussdelta zwischen Rott und Inn. Hier und vielerorts im Bäderdreieck hat man sich voll und ganz dem kurenden und radelnden Gast verschrieben – die obligatorische Vorfahrt (oftmals betagter) Radfahrer verlangt deshalb bitte höchste Konzentration! Und zwischen 13 und 15 sowie ab 22 Uhr ist Füssings Kurzone komplett für den Verkehr gesperrt – die Missachtung dieser Mittags- bzw. Nachtruhe kann bis zu 30 Euro kosten.

Doch außerhalb der Stadt herrscht in den hügeligen Weiten uneingeschränkt freie Fahrt. Über Würding, Beham und Hartkirchen lassen wir uns gemütlich nach Norden treiben. Kleine Landstraßen führen uns schließlich nach Fürstenzell mit sehenswerter Zisterzienser-Klosteranlage und der Wallfahrtskirche Heiligenbrunn, die – wie könnte es hier anders sein – natürlich eine eigene Quelle besitzt. Einen schönen Anblick bietet auch Ortenburg inmitten der alten Kulturlandschaft des Wolfachtals, überragt von seinem weithin sichtbaren Schloss.

Bad Griesbach ist das zweite bedeutende Heilbad unserer Runde, das mit 35 Grad heißem Quellwasser jeden einzelnen Rückenmuskel herrlich entspannen kann. Die Tourist-Info ist übrigens auch bei der Suche nach einer ganz spontanen Wellness-Einkehr gern behilflich. Kößlarn, nur wenige Ki-

TOUR-CHECK

Start: *Altötting*
Ziel: *Eggenfelden*
Tourencharakter: *Liebliche Landschaften, ordentliche Kurven und danach ein Wellness-Programm für Körper und Bikerseele*
Tourenlänge: *160 km*
Kombinierbar mit Touren: *6, 9*
Genussfaktor:
- ***Fahrerisch:*** ★★★
- ***Sightseeing:*** ★★★★
- ***Kulinarisch:*** ★★★

Stilvolle Geschichte: Kirche St. Salvator mit angrenzendem Schlösslein

MEIN TOPTIPP – ERHOLUNG IM BÄDERDREIECK

Bad Füssing, Bad Birnbach und Bad Griesbach bilden diese wohl bekannteste Kurbad-Region ganz im Südosten unserer Republik, denn diese Orte liegen auf einem wahrhaftigen, naturgegebenen Schatz: Aus bis zu 1600 m Tiefe sprudeln verschiedene Natrium-/Hydrogen-/Carbonat-Quellen seit Jahrzehnten bis zu 70 °C heißes Thermalwasser an die Erdoberfläche und füllen die sie umgebenden Frei- und Hallenbäder, Thermenlandschaften und Planschbecken mit nachweislich gesundheitsförderndem Nass. Zur perfekten Vermarktung dieser Naturschätze haben sich drumherum im Lauf der Zeit nicht nur alle medizinischen Fachrichtungen, sondern auch alle sonstigen touristischen Einrichtungen etabliert, die der kurende Gast außerhalb des Beckens braucht oder sucht. Doch zugegeben: Auch nach einem langen Tag auf dem Bike kann so ein Sprudelbad mit heißem Quellwasser herrlich beleben. Probieren Sie es! Infos gibt's unter www.baeder-dreieck-info.de.

Genuss für alle Sinne: Motorradfahren im herrlichen Bäderdreieck

lometer südlich, kennt augenscheinlich keine Hektik. Schloss und Kirche dominieren den typisch niederbayerischen Marktflecken; in der Metzgerei gleich gegenüber sollten Sie sich unbedingt mit Reiseproviant eindecken. Hier schmeckt die Wurst noch richtig nach Wurst, denn alle »Ingredienzien« wuchsen in der unmittelbaren Umgebung auf. Und im Gasthof zum Weißbräu wird das Weißbier tatsächlich noch selbst gebraut – eine Leckerei, die wir jedoch zumindest tagsüber noch ignorieren sollten.

Ein drittes Kurbad fehlt noch in unserer Sammlung, deshalb wenden wir uns nach Westen. Bad Birnbach ist anders als Füssing oder Griesbach. Die heißen Quellen liegen außerhalb des immer noch ein wenig verschlafenen Orts in einem weitläufigen Areal, genannt »Rottal-Therme«.

IM INTERNET

www.baederdreieck-info.de
www.bad-griesbach.de
www.badbirnbach.de

Doch jetzt wollen wir uns auf den eigentlichen Zweck unseres Besuchs besinnen – die ausgiebige Kurvenhatz durch eine weite Hügellandschaft. Kleine Gehöfte, Weiler und Dörfer schlummern entlang unzähliger Bachläufe, die sich allesamt in den Rott ergießen. Eben jener Fluss führt uns dann über das sehenswerte Pfarrkirchen mit seinem knallbunten, historischen Zentrum zu einem weiteren landschaftlichen Highlight – dem Naherholungsgebiet Rottauenseen bei Postmünster. An Hochsommertagen ein beliebtes Badeziel, integriert sich das künstliche Hochwasser-Rückhaltebecken vollkommen natürlich in seine Umgebung.

An heißen Sommertagen lautet **mein Tipp**, diese Tour jetzt mit einem Sprung ins kühle Nass des Rottauensees zu krönen. Wer es lieber kulinarisch ausklingen lassen möchte, dem empfehle ich hingegen, unbedingt im nahen Eggenfelden Halt zu machen. Dort reihen sich am Stadtplatz Kneipen und Cafés im herrlichen Abendsonnenschein aneinander, und die Bestuhlung ist hin zum quirligen Treiben des Platzes ausgerichtet. Da macht das Resümieren der Tour doppelt Spaß.

Ebenso heilig wie sehenswert: Altöttings historisches Zentrum

REISE-INFOS

Allgemeines

Eine Tour durchs Bäderdreieck lohnt vor allem in Kombination mit einem Wellness-Boxenstopp in einem der zahlreichen Badetempel der Region. Also bitte Handtuch und Badehose nicht vergessen.

Motorradfahren

Wenige Bundesstraßen für rasches Vorankommen und unzählige Landstraßen für gemütliches Pendeln durchziehen die Region. Das ist Genusstouren von seiner gemütlichsten Art.

Sehenswürdigkeiten & Aktivitäten

Ein Bikertag im Bäderdreieck sollte natürlich möglichst in einem der zahlreichen Heil- und Kurbäder enden, denn kaum etwas hilft besser gegen verspannte Rücken und Schultern, als so ein bis zu 40 °C heißes Bad. In der »Rottal-Therme« im ländlichen Bad Birnbach hat man trotz des hohen Rentneraufkommens mächtig viel Badespaß. Infos dazu gibt es unter www.bad-birnbach.de. Und im Sommer bietet das Badeparadies Rottauensee bei Postmünster herrliche und vor allem natürliche Erfrischung unter freiem Himmel.

Essen & Trinken

Café-Gasthof Münchnerhof im Herzen Altöttings, www.gasthof-muenchnerhof.de;
Traditionswirtshaus Roßstall in Bad Birnbach, http://badbirnbach.de/arterhof;
Biergarten-Gasthof Unser Wirtshaus in Eggenfelden, www.unser-wirtshaus.com.

Eine Runde um den Chiemsee

Natürlich gehören der Chiemsee und sein Gau auch in dieses Buch – doch wir teilen die große Runde in zwei tolle »Häppchen«.

Sie wollen sich mal richtig an Körper und Geist entspannen? Porentief? Dann aber nichts wie los!

Wir starten in Rosenheim – am besten nach einem ausgiebigen Brunch in einem der Cafés in der sehenswerten Fußgängerzone. Rasch verschwindet die quirlige Stadt danach in unseren Rückspiegeln, während wir Richtung Simssee fahren. Ungebremster Kurvenschwung treibt uns durch die von mächtigen Gletschern erschaffene, malerisch-verträumte Landschaft.

TOUR-CHECK

Start: _Rosenheim_
Ziel: _Rosenheim_
Tourencharakter: _Verkehrsarme Landstraßen führen durch herrliche Landschaften einmal rund um den Chiemsee._
Tourenlänge: _115 km_
Kombinierbar mit Touren: _10, 11, 12, 13_
Genussfaktor:
- **_Fahrerisch:_** ★★★★★
- **_Sightseeing:_** ★★★★
- **_Kulinarisch:_** ★★★

Gleich hinter Stephanskirchen geht das Verkehrsaufkommen fast gegen Null, und wir haben freie Fahrt, so weit das Auge reicht. Der Simssee, ebenfalls von Frühling bis Herbst ein beliebtes Badeziel der Region, blinzelt ein wenig schüchtern zwischen Wäldern und einem breiten Schilfgürtel hervor; nur wenige Stichstraßen führen an sein Ostufer.

Mein Tipp: Beim Seewirt von Ecking am Südostzipfel des Sees lohnt sich ein Boxenstopp immer.

Danach erklimmen wir die Anhöhe. Auf winzigen Sträßchen schwingen wir über Söllhuben und Wildenwart nach Prien. In dieser Gegend kommen Kurvenfreaks und Fußrastenkratzer zu jeder Jahreszeit voll und ganz auf ihre Kosten.

Auch das immerhin 1158 erstmals urkundlich erwähnte Prien am Chiemsee lädt zur Einkehr in seine unzähligen Restaurants, Cafés und Biergärten, und vom Parkplatz der Schiffsanlegestelle lassen sich nahezu ganzjährig Ausflügler mit den weißen Dampfern der Chiemseeflotte hinüber zur Insel Herrenchiemsee schippern.

Gen Norden führt unsere anschließende Route immer entlang des Sees. Seit mehr als 150 Jahren kommen berühmte und unbekannte Maler nach Gstadt, um in Öl und Aquarell die faszinierenden Stimmungen, das ständige Wechselspiel des Lichts und die nahezu unerschöpflichen Aussichtswinkel zu verewigen.

Malerisch und weltberühmt: der Chiemsee bei Gstadt

MEIN TOPTIPP – MÄRCHENINSEL HERRENCHIEMSEE

Zurück von seiner Reise nach Versailles entwickelte Bayernkönig Ludwig II. – ja genau, der Märchenkönig – die Idee, das Leben und Wirken des französischen Sonnenkönigs Ludwig XIV. daheim in Bayern nachzubauen. Das Schloss Herrenchiemsee sollte diesen Traum verwirklichen, und mit typisch monarchistischem Starrsinn ließ Ludwig trotz immenser Baukostenschätzungen das Projekt beginnen. Gleichwohl es im Lauf der Jahre aus Geldmangel niemals komplett fertiggestellt wurde, lockt das heutzutage neben Schloss Neuschwanstein wohl prächtigstes Erbe Ludwig II. mit seinem Versailler Prunk, der 100 m langen Spiegelgalerie, der reich verzierten Speisezimmer inklusive versenkbarem Esstisch (Modell »Tischlein-deck-dich«) und zahlreichen, ebenfalls nicht gerade schmucklosen Schlaf-, Bade- und monarchischen Spielzimmern. Für deren empfehlenswerte Besichtigung sollten Sie sich auf der Insel Herrenchiemsee allerdings mindestens drei Std. Zeit nehmen, denn auch außerhalb des Schlosses gibt es im mehr als herrschaftlichen Park sowie auf der restlichen Insel viel zu entdecken. Infos gibt's unter www.herren-chiemsee.de.

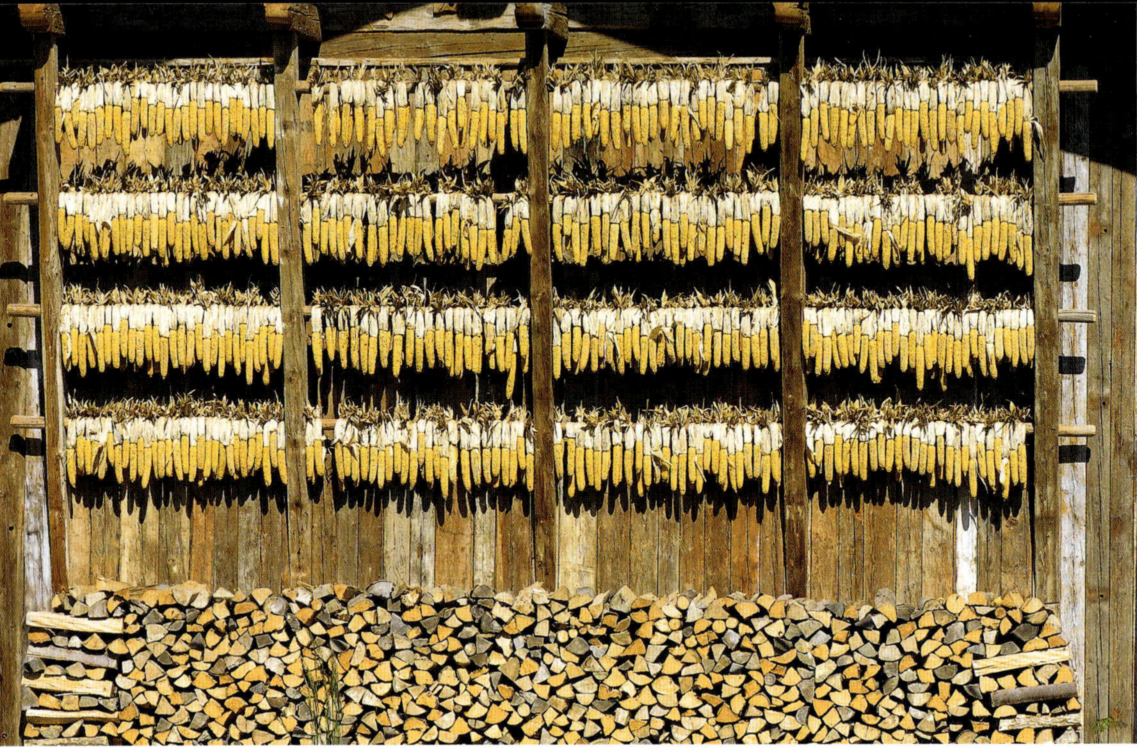

Fruchtbares Tourenland: der Chiemsee und sein Gau

Vom Hafen Gstadts aus nur einen Katzensprung entfernt liegt Frauenchiemsee, die heimliche Konkurrenz zu Herrenchiemsee. Ihr Kloster Frauenwörth ist eines der historisch wertvollsten Kulturgüter Bayerns. Und zwischen beiden Eilanden ragt die Krautinsel aus dem Wasser, die einstmals auch für heimliche Tête-à-têtes der geistlichen Brüder und Schwestern benutzt wurde – heißt es zumindest hinter vorgehaltener Hand.

Über Seebruck am nördlichsten Zipfel des Chiemsees kommen wir zu sieben ebenfalls verschwiegenen Gewässern inmitten eines weiten Hochmoors. Die Seenplatte rund um Kloster Seeon, einem tausendjährigen Benediktinerkloster, lohnt einen Besuch zu jeder Jahreszeit.

Entlang des Chiemsee-Ostufers schwingen wir anschließend weiter über Chieming und Grabenstätt nach Traunstein; ein markanter Felsblock an der Traun östlich des Orts soll Namenspatron gewesen sein. In diesem steckt nämlich – so die Legende – ein Fuhrmann mit schwerer Fracht, der beim Queren der Traun stecken blieb und laut fluchend ausrief: »Möge doch alles zu Stein werden!« Ein Wunsch, der ihm auch augenblicklich erfüllt wurde – er versteinerte mitsamt Pferden und Wagen. Als Wittelsbacher Grenzbastion zu Österreich sicherte das auch heute noch sehenswerte Städtchen lange Zeit die Salzhandelsroute nach München.

Über Grabenstätt und das immer wieder herrliche Verwirrung auslösende Nest Übersee gelangen wir nach Bernau, ganz im Süden des Chiemsees. Von hier aus ist es nur noch ein Katzensprung bis zu unserem Ausgangsort Rosenheim. Je nachdem, wie viel Zeit noch im Tankrucksack vorhanden ist, wedeln Sie doch einfach genüsslich Richtung Nordwesten. Bei der Wahl der Landstraßen können Sie absolut nichts falsch machen – allesamt tragen sie das berühmte »Grüne Band« besonderer landschaftlicher Schönheit.

IM INTERNET

www.chiemsee.de
www.herren-chiemsee.de
www.kloster-seeon.de

Still ruht der See: der Simssee im Frühherbst

REISE-INFOS

Allgemeines
Selbst im Winter liegen die Durchschnittstemperaturen rund um den allein aufgrund seiner Größe klimatisch ausgleichenden Chiemsee mit 3–8 °C deutlich im Plus. Das prädestiniert ihn für eine ganz spontane »Runde um den Block« zu beinahe allen Jahreszeiten.

Motorradfahren
Sims- und Chiemsee verbindet ein dichtes Netz aus kleinen Land- und Höhenstraßen, die neben fahrerischem Genuss zudem auch zahlreiche Ausblicke auf das »Bayerische Meer«, den Chiemsee, erlauben.

Sehenswürdigkeiten & Aktivitäten
Sehenswerte Eleganz und Pracht in den historischen Orten Prien und Gstadt, zahlreiche Bade- und Naherholungsrefugien entlang des Ufers und nicht zuletzt die Inseln Herren- und Frauenchiemsee sind die Highlights dieser Tour. Die weißen Schiffe der Chiemseeflotte fahren regelmäßig zu den Inseln. Infos unter www.chiemsee-schifffahrt.de.
Richtig hoch hinaus geht es bei einer Ballonfahrt über den Chiemsee: Ab ca. 150 Euro bekommen Schwindelfreie ein unvergessliches Erlebnis geboten. Infos z. B. unter www.ts-ballonfahrten.de oder www.chiemgau-ballonfahrten.de.

Essen & Trinken
Biergarten Winklfischer, mit traditionsreicher Chiemsee-Fischerei, in Prien direkt am See, Forellenweg 28, Tel. 08051/643 17;
Wirtshaus am See in Gstadt mit herrlichem Seeblick, direkt am Ufer gelegen, www.wirtshaus-am-see.com;
Kloster Seeon mit Café-Bistro Leuchtenberg, direkt am Klostersee mit herrlichen Ausblicken gelegen, www.rufinus.de/cafebistro-leuchtenberg.

Im Frühtau ins Chiemgau

Imposant und herrschaftlich: Schloss Hohenaschau

Teil zwei unserer prächtigen Chiemseetour führt in den Chiemgau, eine Region, schwebend zwischen weiten Seen und hohen Bergen, gewürzt mit lieblichen Tälern.

Hat Ihnen Tour 9 rund um den Chiemsee gefallen? Hat diese Tour vielleicht sogar Ihren Appetit auf mehr geweckt? Nun, bitteschön: Hier kommt Teil zwei der ganzen Chiemgau-Pracht, ideal zu kombinieren mit der Tour 9!

Wir starten in Traunstein an der Traun – vielleicht sogar mit einem kräftigenden zweiten Frühstück oder Brunch in einem der zahlreichen Cafés im Zentrum des sehenswerten Orts. Dann geht es über Siegsdorf hinaus in die Landschaft, und wir folgen der Weißen Traun nach Süden, nach Ruhpolding, am Rand einer weiten Ebene. Am Horizont wachsen bereits die Alpengipfel vor uns in die Höhe, kratzen am weiß-blauen Bayernhimmel.

Auf äußerst kurvenreicher Strecke geht es sodann über Löden-, Mitter- und Weitsee und das idyllische Schwarzlofertal nach Reit im Winkl, einem ehemaligen Bergdorf, das viel erlebt und viel zu erzählen hat. Von Kel-

TOUR-CHECK

Start: Traunstein
Ziel: Bernau/Irschenberg
Tourencharakter: Prächtige Landstraßen, hübsche Orte und dann ab in die Berge – das ist Abwechslung pur.
Tourenlänge: 140 km
Kombinierbar mit Touren: 9, 11, 12, 13
Genussfaktor:
- **Fahrerisch:** ★★★★★
- **Sightseeing:** ★★★
- **Kulinarisch:** ★★★

Echtes Motorradparadies: Der Chiemgau begeistert vor allem auf Nebenstrecken

MEIN TOPTIPP – NR. 1: ERNST HOLLWEGERS »SCHNAUFERL-MUSEUM«

In einem Kuhstall am Rand von Ruhpolding liegt das wohl einmaligste Motorrad-Museum Deutschlands: Georg Hollwegers »Schnauferl-Museum«. Fast 80 Maschinen, davon mehr als die Hälfte in originalem und vor allem fahrbereitem Zustand, warten darauf, von uns entdeckt zu werden. Lenker an Lenker, Fußraste an Kettenrad finden sich all die klangvollen und so manches Mal schon längst verklungenen Namen der Motorradgeschichte: NSU, Norton, Zündapp, BMW, Horex, DKW und Herkules – Ergebnis einer lebenslangen Leidenschaft für das Zweirad.

Der Besuch ist ein unbedingter Pflichttermin einer jeden Tour durch den Chiemgau! Das »Schnauferl-Museum« liegt im Bacherwinkl 5 in Ruhpolding, Richtung Steinberg-Alm. Öffnungszeiten täglich von 9–12 und 13–18 Uhr; der Eintritt ist frei, Spenden sind aber selbstverständlich.

Historisch wertvoller Boxenstopp: Georg Hollweger und seine Schnauferl

MEIN TOPTIPP – NR. 2: DIE DEUTSCHE ALPENSTRASSE

Sanitätsrat Dr. Knorz aus Prien am Chiemsee hatte 1927 die Idee, Boden- und Königssee mit einer durchgängigen Straße längs der Alpennordseite zu verbinden. Sie diente dazu, dem Reisenden die herrlichen Landschaften seiner Heimat nahezubringen. Und natürlich ganz nebenbei den Tourismus in dieser Region mächtig anzukurbeln. Fünf Jahre zogen ins Land, bis er mit seinem Traum den damaligen Deutschen Touring Club begeistern konnte. Auch Nazi-Deutschland konnte Knorzens Traum nicht zerstören, nein, ganz im Gegenteil, Hitlerscher Größenwahn verlieh dem Projekt sogenannte »überragende nationale Bedeutung«, mit teils aberwitzigen Aspekten, die zumindest eines bewirkten: den zügigen Bau einer 260 km langen Hauptroute.

Heute, 80 Jahre nach Knorzens Idee, verbindet das Projekt Deutsche Alpenstraße auf der seit 2002 durchgängig beschilderten, inzwischen 450 km langen Strecke die landschaftlichen und kulturellen Highlights vom »Schwäbischen Meer«, dem Bodensee, bis zu den Berchtesgadener Gipfeln miteinander. Und sie durchquert den Chiemgau auf seinen schönsten Strecken, bevor sie am Königssee (siehe Tour 11) wahrhaft genüsslich auspendelt.

Alle Infos gibt's unter www.deutsche-alpenstrasse.de.

Echter Leckerbissen: der Abstecher hinauf nach Rettenschöss

ten und Römern, von Holzreichtum und Wohlstand, aber auch von der Pest, Kriegsgräueln und Feuersbrünsten weiß die Ortschronik zu berichten. Heutzutage lebt man hier in wahrlich grandioser Aussichtslage vom Tourismus ... und das augenscheinlich nicht schlecht.

Bevor wir uns nun dem österreichischen Teil der Chiemgauer Alpen widmen – jawohl, und damit erstmalig auch das herrliche Oberbayern ganz kurz verlassen –, genehmigen wir uns noch einen Abstecher nach Unterwössen zur Deutschen Alpensegelflugschule. Von Frühling bis Herbst geht es hier ab in die Lüfte, kann man für ein paar Euro auf ganz besondere, stille Art die Schönheiten des Chiemgaus erkunden. Das Erlebnis lohnt sich – zumindest für Schwindelfreie und solche, die es werden wollen. Die Zufahrt zum Fluggelände ist ausgeschildert.

In Marquardtstein biegen wir anschließend rechts ab und düsen über Schleching und die »grüne Grenze« nach Kössen, zu Füßen des Unterberghorns. Auch eine mehr als prächtige Art, die Landschaft zu genießen, praktizieren dort am Berg die Gleitschirmflieger der Region – und bieten die Möglichkeit zu Tandemflügen (www.fly-koessen.at).

Am schmalen Uferstreifen des nahe gelegenen Walchsees ist an Sommerwochenenden kaum ein Liegeplätzchen frei, denn die Ausblicke auf die Gipfel des Zahmen Kaisers sind derart atemberaubend, dass man die frostigen Temperaturen des Bergsees beinahe vergisst. Im gleichnamigen Ort lohnt es sich, eine der Köstlichkeiten Österreichs, die Mehlspeisen, zu probieren: Apfel- und Topfenstrudel, Marillen- und Germknödel wickeln des Bikers Seele in kalorienreiche Harmonie.

Und kurz hinter Walchsee gönnen wir uns noch einen fahrerischen Leckerbissen, verlassen die verkehrsreiche B 172 und folgen den Wegweisern nach Rettenschöss. Umgehend schraubt sich die kaum mehr als

Mal hoch hinaus: deutsche Alpensegel-Flugschule in Unterwössen

Einer der schönsten Oberbayerns: der Maibaum von Unterwössen

lenkerbreite Piste kehrenreich hinauf in ein traumhaft gelegenes Hochtal, dessen Fortsetzung wir in Sebi mit dem Abzweig nach Aschau entdecken können. So schön ist es hier, dass auf manchem Kilometer selbst Schritttempo vielen noch viel zu schnell erscheinen wird.

Das schmucke Aschau mit einer der schönsten Burgen Deutschlands bremst uns abschließend nochmals ein, animiert mit seinen Biergärten und Kneipen zur Einkehr vor der Rückkehr.

Tja, und in Bernau haben wir dann die Wahl: Linker Hand geht es retour nach München, und zum Ausgangspunkt Traunstein fährt man nach rechts. Nur eines sollten Sie nicht machen: Die vor Ihnen liegende Autobahn wählen …

IM INTERNET

www.chiemgau.de
www.reit-im-winkl.de
www.koessen.at

Durch echt bayerische Idylle: auf Nebenstrecken nach Aschau

REISE-INFOS

Allgemeines

Weite Täler, große und kleine Seen, stille Flussauen und die mannigfaltige Schönheit der Nordalpen bilden den Chiemgau mit seiner wohl einzigartigen Mixtur aus Flachland und Gebirge. Dessen moderate Höhenlagen erlauben in Kombination mit warmen, norditalienischen Fallwinden oftmals bereits schon im Februar echtes Schräglagen-Feeling.

Motorradfahren

Der Chiemgau eignet sich perfekt für eine Kombination mit Salzburger und Berchtesgadener Land im Osten oder dem bayerischen Inntal im Südwesten. Nur eines sollte man dem Chiemgau niemals antun: Einfach auf der A 8 hindurchzubrettern.

Sehenswürdigkeiten & Aktivitäten

Auch die Chiemgauer Alpen haben bis hinein zu unseren österreichischen Nachbarn neben Kurvenschwung einiges zu bieten: Am Unterberghorn kann man mit Gleitschirm und Drachen in die Lüfte starten, der Walchsee ist im Sommer ein erfrischendes Badeparadies. Und das »Schnauferl-Museum« in Ruhpolding ist sowieso ein Pflichttermin für Biker.

Essen & Trinken

Landgasthof Hochberg in Traunstein, www.alpengasthof-hochberg.de.vu;
Bikertreff Gasthof Alpenhof in Durchholzen, www.alpen-hof.info;
Gasthof Walchseerhof in Walchsee, www.walchseerhof.at;
Gasthof zur Klause in Aschau, unterhalb der Burg, www.gasthof-zur-klause.de.

Aussichtsreiche Runde um den Königssee

Der südöstlichste Zipfel Oberbayerns trumpft nochmals gewaltig auf – das Berchtesgadener Land zeigt gern, was es alles zu bieten hat.

Diese Rundtour ist einer meiner absoluten Wochenend-Favoriten, vom Frühling bis weit in den hier ganz besonders goldenen Herbst hinein.

TOUR-CHECK

Start: *Bad Reichenhall*
Ziel: *Bad Reichenhall*
Tourencharakter: *Traumhafte Landschaften, geheimnisvolle Seen und Deutschlands höchste Panoramastraße liegen vor uns.*
Tourenlänge: *110 km*
Kombinierbar mit Touren: *9, 10*
Genussfaktor:
- ***Fahrerisch:*** ★★★★★
- ***Sightseeing:*** ★★★★
- ***Kulinarisch:*** ★★★

Mein Tipp: Diese Tour lässt sich auch herrlich mit einem verlängerten Wellness-Genuss-Wochenende für die beste Sozia in einem gemütlichen Alpengasthof am Königssee kombinieren – prächtiger Kurvenschwung verbindet sich dann mit ausgiebigem Relaxen.

Die historische Kur- und Salinenstadt Bad Reichenhall mit ihren berühmten Solequellen ist unser Ausgangspunkt. Nach einem Blick in die Altstadt suchen wir uns über die Ruine Karlstein und den kleinen Thumsee unseren weiteren Weg nach Südwesten Richtung Schneizlreuth. Auf der B 305 schwingen wir immer am Nordrand des Nationalparks Berchtesgaden entlang und folgen bald darauf rechts abzweigend dem Wegweiser zum Hintersee. Der sonnenverwöhnte Bergsee zu Füßen des Watzmanns lohnt einen ausgiebigen Boxenstopp. Zahlreiche berühmte Landschaftsmaler kamen und kommen bis heute, um ihn und seine Stimmungen zu verewigen. Im Gasthof Auzinger direkt am See bildeten sie eine weithin bekannte Malerkolonie; viele prächtige Cafés und Biergärten entlang des Ufers bieten ebenfalls einen lohnenden Einkehrschwung.

Über Ramsau und Au pendeln wir gemütlich weiter Richtung Königssee. Bereits der alte Ludwig Ganghofer fand hier sein privates Paradies zu Füßen des Watzmann-Massivs.

Mein Tipp: Eine Bootsfahrt über den für sämtlichen privaten Schiffsverkehr gesperrten und wegen seiner unergründlichen Tiefe so geheimnisvollen See ist – wenngleich touristisch perfekt vermarktet – ein Erlebnis (siehe TopTipp).

Das sind doch Aussichten: Blick auf die Berchtesgadener Alpen

MEIN TOPTIPP – EINE GEHEIMNISVOLLE BOOTSFAHRT

Der sagenumwobene Königssee ist sicherlich das berühmteste Highlight dieser Region. Und wenngleich sehr touristisch, hat der See eine Anziehungskraft, der man nicht widerstehen sollte.

Der sauberste See Deutschlands entstand in einer bereits vor der Eiszeit gebildeten Senke, die durch mächtige Gletscherströme mehr und mehr vertieft wurde. Zum Ende der Eiszeit sammelte sich das Schmelzwasser der Gletscher und bildete einen der schönsten Seen des Alpenraums. Gönnen Sie sich zumindest einmal im Leben eine Bootsfahrt über den wegen seiner unergründlichen Tiefe und dem außergewöhnlichen Echo so geheimnisvollen See, und genießen Sie die stetig wechselnden Postkartenansichten auf die umliegenden Berge sowie die unvergleichliche Stimmung, die von der Natur perfekt inszeniert wird.

Alle Details gibt's unter www.koenigssee.com oder www.berchtesgadener-land.info.

Ganz berühmter Malerwinkel: der Hintersee nahe Berchtesgaden

Derart perfekt eingestimmt, widmen wir uns nun den Ausblicken von Deutschlands höchster Panoramastraße, der ganzjährig befahrbaren und mautpflichtigen Rossfeld-Ringstraße. 4 Euro kostet die Tageskarte für Biker, eine Investition, die sich allemal lohnt. In herrlichen Rechts-links-Kombinationen führt die Straße hinauf auf 1600 Meter, mitten hinein in die hochalpine Bergwelt des Berchtesgadener Lands. 1938 wurde mit dem Bau des grandiosen Finales der Deutschen Alpenstraße begonnen, und bis 1956 dauerte ihre Fertigstellung. Das an der Strecke liegende Informationszentrum Obersalzberg lädt Besucher zu einer Führung tief in die Geschichte krankhaften politischen Größenwahns: 1923 ließ sich Hitler hier ein Wochenendhaus errichten, und 1933 wurde der Obersalzberg sogar neben Berlin zum zweiten Regierungssitz ausgebaut. Das sehenswerte Informationszentrum arbeitet inmitten historischer Umgebung die dunkelbraunen Kapitel deutscher Geschichte auf. Weitere Informationen dazu finden Sie unter www.obersalzberg.de).

Den schönsten Ausblick hat man vom Scheitelpunkt der Strecke. Hier liegen der gesamte Berchtesgadener Alpenpark und das sich im Dunst der Ferne verlierende Salzachtal zu unseren Füßen und bescheren dem Betrachter Erinnerungen fürs ganze Leben.

Zurück in Berchtesgaden sollten wir auch dem historischen Ortskern einen Besuch abstatten. Lassen Sie das Motorrad am Rand der Fußgängerzone stehen, und streifen Sie ein wenig umher.

Wenngleich touristisch perfekt vermarktet, hat das historische Städtchen seinen ursprünglichen Charme nicht verloren. Über das beschauliche Bischofswiesen geht es zu guter Letzt zurück zu unserem Ausgangspunkt.

IM INTERNET

www.koenigssee.com
www.berchtesgadener-land.info
www.rossfeldpanoramastrasse.de

Motorradlers Paradies: die Landstraßen rund um Berchtesgaden

REISE-INFOS

Allgemeines

Liebliche Bilderbuchlandschaften und richtig hohe Berge rund um Deutschlands höchste Panoramastraße bilden die perfekten Zutaten für diese Tour. Sie gehört damit zweifelsfrei zu denjenigen Rundtouren in diesem Buch, die man gar nicht oft genug genießen kann.

Motorradfahren

Mit ordentlich viel Verkehr muss man rund um Berchtesgaden vor allem während der Sommerferienzeit rechnen. Außerhalb dieser Hochsaison gehören die Straßen und die Panoramastrecken oftmals den Bikern allein.

Sehenswürdigkeiten & Aktivitäten

Berchtesgaden und der Königssee bilden seit Jahrhunderten das wohl wichtigste touristische Highlight im Südosten unserer Republik: Von Kur-, Wellness- und Wochenend-Pauschalangeboten über geführte Wanderwochen, Ballon- und Segelflug-Exkursionen, Ausflüge in die oftmals unterirdische Geschichte der Salzbergwerke und des weißen Goldes bis zu Elektroboot-Ausflügen auf dem unergründlichen, noch niemals vollständig erforschten und deshalb so geheimnisvollen Königssee reicht die Auswahl. Und natürlich nicht zu vergessen – der Watzmann! Mit 2713 m immerhin zweithöchster Berg Deutschland und viel sagenumwobener als die Zugspitze.

Essen & Trinken

Gasthof Auzinger am Hintersee, www.auzinger.de;
Restaurant Zechmeisterlehen am Königssee, www.zechmeisterlehen.de;
Tortenmacher Grassl im historischen Herzen von Berchtesgaden, Maximilianstr. 15.

Bad Aiblinger Wellness-Packung

Die Region rund um Bad Aibling hat nicht nur in puncto Wellness viel zu bieten – auch uns Bikern gefällt es dort sehr.

Diese Rundtour führt uns auf kleinsten Landstraßen durch nahezu unberührte Landschaften rund um Mangfalltal, Rosenheimer und Aiblinger Moor. Und Letzteres bietet noch einen zusätzlichen Genuss, den wir uns etwas später, ganz am Ende dieser Runde, gönnen sollten ...

TOUR-CHECK

Start: *Bad Aibling*
Ziel: *Bad Aibling*
Tourencharakter: *Liebliche, kurvenreiche Landstraßen und eine stille Landschaft fernab aller Hektik – was will man mehr?*
Tourenlänge: *100 km*
Kombinierbar mit Touren: *9, 10, 11, 13, 14, 15*
Genussfaktor:
- ***Fahrerisch:*** ★★★★
- ***Sightseeing:*** ★★★★
- ***Kulinarisch:*** ★★★★

Doch zunächst einmal geht es auf stillen Pfaden zu einer der schönstgelegenen Kirchen Bayerns – übrigens auch für Atheisten ein absolutes Highlight dieser Tour. Dazu schwingen wir über die Aiblingerau nach Au bei Bad Aibling, unterqueren dabei die A 8 und wenden uns in Au wieder Richtung Norden nach Dettendorf, Pfaffing und Schlachtham. An diesen Ortsnamen merken Sie bereits: Es geht ins berühmte »Eingemachte«.

Mein Tipp: GPS-Besitzer sollten sich auch hier meine Wegpunkt-Datensätze laden – damit wird die Navigation zu einem Kinderspiel.

Immer auf Sichtweite zur A 8 pendeln wir Richtung Bernrain. Weite landwirtschaftliche Hochflächen und einsame Gehöfte liegen rechts und links des Lenkers, ab und an unterbrochen durch ein lichtes Wäldchen. Dann taucht sie vor uns auf: die Wallfahrtskirche St. Maria am Irschenberg. Grandios auf einer kleinen Anhöhe gelegen, blickt sie weit hinunter ins Land. Klappen Sie hier unbedingt kurz den Seitenständer aus, und lassen Sie den Blick genüsslich schweifen über all diese oberbayerische Pracht – nicht nur Flachländlern und Stadtmenschen geht dabei garantiert das Herz auf.

Weiter geht es ein Stück auf der B 472 nach Miesbach und von dort gen Norden, retour auf kleinsten Landstraßen. Über Reichersdorf, Bruck und Bach streifen wir kurz den Seehamer See, in einem sogenannten »Toteisloch« liegend, mit herrlicher Bade- und Campingmöglichkeit. Feldkirchen-Westerham, nördlich des Sees, durchqueren wir zügig, wenden uns danach Richtung Percha

Blickt weit ins Land: Kirche St. Maria am Irschenberg

MEIN TOPTIPP – DAS AIBLINGER MOOR

1838 begannen zwei Landärzte und ein Apotheker in Aibling mit Analysen, ob man das dort befindliche Torfmoor auch medizinisch nutzen könnte. Nach sieben Jahren und unzähligen wissenschaftlichen Experimenten war der Grundstein für einen Heilbadbetrieb gelegt: Aiblings »Solen- und Schlamm-Bade-Anstalt« war die Urzelle für vielfältige Heilbehandlungen und verhalf dem Ort zum staatlich anerkannten Namenszusatz »Bad«. Seit über 160 Jahren wird inzwischen die Heilkraft des »schwarzen Goldes« erfolgreich eingesetzt. Das Moor speichert Wärme und gibt sie nur sehr langsam wieder ab. Dadurch steigt bei einem Vollbad die Körpertemperatur, und es kommt zu einem Heilfieber, das die Abwehrkräfte des Körpers aktiviert. Moor enthält zudem entzündungshemmende, schmerzstillende und muskelaktivierende Eigenschaften. Gut 2,5 Zentner Hochmoor braucht es je Bad; eine Wiederverwendung des benutzten Moores gibt es nicht, und es wird anschließend in die Entnahmestelle zurückgebracht. Weitere Details zu Bad Aiblings brandneuer Therme gibt's unter www.bad-aibling.de.

Kontaktversuche: Idyllisch geht es zu in diesem Thema

und nähern uns allmählich dem idyllischen Lauser Weiher. An dessen Ostufer setzen wir den Blinker rechts und wedeln über Großhöhenrain und Oberholzham erneut durch eine herrlich kurvenreiche, ansonsten erholsam stille Landschaft.

Okay, hier nochmals Witze über das Örtchen Tuntenhausen zu verbreiten, will ich mir – nicht zuletzt aus Platzmangel – tunlichst verkneifen. Obwohl es da schon den ein oder anderen gäbe … Zudem haben die Bewohner des beschaulichen Orts sicherlich schon genug zu ertragen, umso mehr, als der Ursprung ihres Ortsnamens bis heute nicht vollständig geklärt ist.

Über Schmidhausen geht es kurvenreich nach Großkarolinenfeld, eine recht junge Gemeinde im Rosenheimer Moos, und weiter

Harmonische Tradition: Blasmusik-Umzug zu Ehren einer Geburt

Richtung Kolbermoor, einer vor allem unter Fußballfans weithin bekannten Stadt – denn immerhin stammen so berühmte Persönlichkeiten wie Paul Breitner oder Sebastian Schweinsteiger aus diesem Ort.

Weite Landschaften wechseln hier im Mangfalltal mit beschaulichen Dörfern, kleine Lichtungen mit aussichtsreichen Höhenrücken, während wir uns ganz allmählich wieder unserem Ausgangspunkt Bad Aibling nähern.

IM INTERNET

www.bad-aibling.de
www.miesbach.de

Die Ernte ist im Sack: bequemes Pausenplätzchen auf einem Heuballen

REISE-INFOS

Allgemeines

Das Rosenheimer und das Aiblinger Moor sowie das Mangfalltal gehören zu den beschaulichen Landstrichen Oberbayerns. Gleichwohl wirtschaftlich durchaus erfolgreich, geht das Leben außerhalb der Großstadt Rosenheim einen eher gemütlichen Gang. Genießen wir es.

Motorradfahren

Winzige Landstraßen abseits aller Hektik, viele Kurven, wenig Verkehr und grandiose Ausblicke auf die Voralpen würzen diese Rundtour ungemein.

Sehenswürdigkeiten & Aktivitäten

In Bad Aibling lockt natürlich nicht nur eine gemütliche, verkehrsberuhigte City mit einigen Einkehr- und Shoppingmöglichkeiten, sondern vor allem auch die brandneue Therme mit ihren Wellness- und Wasserspaß-Angeboten. In den Dörfern entlang der Mangfall ist Beschaulichkeit Trumpf; in Miesbach, auf der anderen Seite der A 8, finden das ganze Jahr über zahlreiche kulturelle Events statt.

Essen & Trinken

Konditorei-Café Ott im Herzen von Bad Aibling, Münchener Str. 3a, Tel. 08061/26 88; Gasthof Schäffler-Wirt in Vagen bei Feldkirchen-Westerham, http://gasthof-schaeffler-vagen.de; Waitzinger Bräu - Bräustüberl & Café im sehenswerten Zentrum von Miesbach, Stadtplatz 12, Tel. 08025/45 45.

Im Land der »Rosenheim Cops«

Im TV ist seine Schönheit jede Woche bundesweit zu besichtigen – drum gehen wir persönlich mal auf Spurensuche im Rosenheimer Land.

TOUR-CHECK

Start: *Rosenheim*
Ziel: *Rosenheim*
Tourencharakter: *Herrliche Rechts-links-Kombinationen und Bayerns berühmtester Bikertreff würzen diese Rundtour.*
Tourenlänge: *110 km*
Kombinierbar mit Touren: *9, 10, 11, 12, 14*
Genussfaktor:
- ***Fahrerisch:*** ★★★★
- ***Sightseeing:*** ★★★
- ***Kulinarisch:*** ★★★★

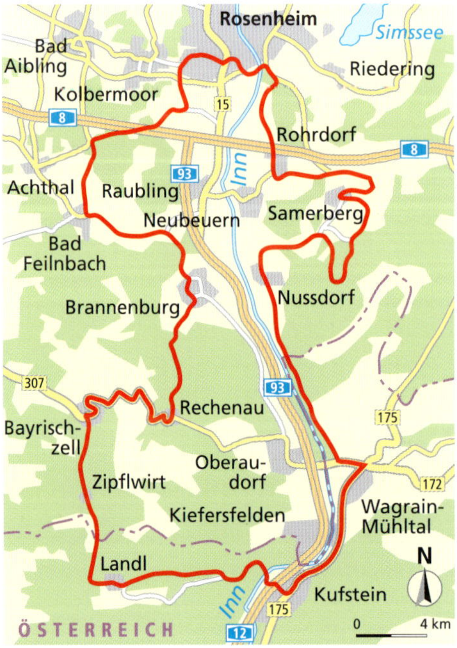

Oberbayern präsentiert sich auf dieser Tour von einer seiner schönsten Seiten. Genießen wir sie in vollen Zügen!

Wir starten unsere Rundtour in Rosenheim am Inn, der immerhin drittgrößten Stadt Oberbayerns, mit sehenswerter Fußgängerzone und zahlreichen Einkehrmöglichkeiten. Gen Süden schwingen wir genüsslich aus der Kreisstadt hinaus und wählen die Voralpengipfel rund um das Mangfallgebirge mit dem imposanten Wendelstein als optisch leicht identifizierbares Ziel. Über Oberkaltenbrunn und Au-Eulenau geht es schwungvoll nach Bad Feilnbach. Bereits hier begrüßt uns typisch bayerische Beschaulichkeit, und uns begeistern die kleinen Ortschaften, deren Bürgerhäuser mit herrlichen Lüftlmalereien reich verziert sind.

Gleich nebenan, im sehenswerten Brannenburg, lohnt sich ein kurzer Abstecher zur Wendelstein-Zahnradbahn, der immerhin ältesten Hochgebirgsbahn der deutschen Alpen. Sie erklimmt seit 1912 den wohl markantesten oberbayerischen Aussichtsberg. 30 Minuten brauchen die Triebwagen, um ihre Passagiere durch malerische Almwiesen auf 1723 Meter Höhe zu befördern – für Eisenbahnfreunde ein absolutes Muss.

Das Pflichtprogramm für Biker liegt allerdings am Ortsausgang von Flintsbach. Dort schließt die Mautstrecke zum Sudelfeld empor sozusagen nahtlos an. Wohl selten gab es für 1,50 Euro größeren Fahrspaß und damit mehr prächtigen Gegenwert inmitten atemberaubender Voralpenlandschaften! Durch lichten Mischwald steigt die zunächst gut ausgebaute Straße allmählich bergan; am Abzweig Richtung Oberaudorf sowie zum Bikertreff »Feuriger Tatzelwurm« wählen wir allerdings den weiteren Weg gerade-

Oberbayerns Bikerparadies: das Sudelfeld im oberen Abschnitt

MEIN TOPTIPP – DIE »PERLE TIROLS«

Seit 30 000 Jahren siedeln wohl schon Menschen in und um das Tiroler Städtchen Kufstein und verleihen dem Ort das Prädikat »Ältestes besiedeltes Gebiet Tirols«.
Auch die Römer hinterließen hier ihre Spuren in Form einer Militärstraße. 500 Jahre lang gehörte das Gebiet zu Rom, danach begannen sich das Herzogtum Bayern, der Bischof von Regensburg und das Habsburgerreich Österreich um die strategisch wichtige Region zu streiten. Im 16. und 17. Jh. war Kufstein eine der wichtigsten Transit- und Mautstellen, und das sowohl auf der Straße als auch auf dem Inn. 1805 wurde Kufstein erneut von Bayern annektiert und einfach mit ganz Tirol dem Königreich Bayern angegliedert. Daran konnte zunächst auch der Tiroler Freiheitskampf nichts ändern. Erst 1814 beschlossen Österreich und Bayern weitreichende Gebietsarrondierungen, wodurch Kufstein endgültig österreichisch wurde und Bayern im Gegenzug das Großherzogtum Würzburg und die Rheinpfalz bekam.
Heute ist Kufstein nach Innsbruck die zweitgrößte Stadt Tirols und seit dem berühmten »Kufsteinlied« des Kufsteiner Komponisten und Hausmusikanten Karl Ganzer auf der ganzen Welt bekannt. Das Lied gilt übrigens als der meist gesungendste und verkaufte Volksmusiktitel der Welt. Weitere Infos gibt's unter www.kufstein.at.

Unbedingt einkehren: die Waller-Alm am Oberen Sudelfeld

aus und hinauf zum ausgeschilderten Sudelfeld, einem beliebten Wintersport- und Wandergebiet.

Für mich ist es hier oben stets obligatorisch, den Abstecher zu Speck- und Waller-Alm am Oberen Sudelfeld zu machen. Dazu einfach der Beschilderung noch im Bergwald links hinauf folgen – oder besser noch die GPS-Daten für dieses Buch laden –, und bald schon liegen Wendelstein und Kaisergebirge zum Greifen nahe vor unserem Vorderreifen. Doch Vorsicht: Der Einkehrschwung auf den Almen am Oberen Sudelfeld kann Tourenpläne atomisieren, so herrlich erholsam ist es dort auf über 1400 Metern.

IM INTERNET

www.rosenheim.de
www.sudelfeld.de
www.brannenburg.de

Rund um das berühmte Café Kotz am nördlichen Sudelfeld, dem berühmtesten Bikertreff der gesamten Region, lauern übrigens gern die Bayrischzeller Dorfsheriffs mit Laserpistole und Strafzettelblock. Also aufgepasst und mit lockerer Gashand durch die Applauskurven schwingen, zumal die Piste im oberen Drittel extrem mit Bitumenflickereien verunstaltet ist, die im Sommer weich wie frischer Kaugummi werden.

Der Stopp am Café Kotz ist natürlich Pflicht und Kür zugleich. Im sehenswerten Bayrischzell, zu Füßen von Sudelfeld und Wendelstein, geht es dann links ab zum Ursprungpass auf 840 Metern, dessen Reiz vor allem in seiner prächtigen Voralpenlandschaft liegt. Über Landl und Thiersee verlassen wir noch einmal ganz kurz Oberbayern in Richtung Österreich – das sei erlaubt, denn wir haben damit auch Gelegenheit, das Benzinfass ziemlich günstig randvoll zu füllen. Rechts des mächtigen Inns treiben wir unser Bike dann weiter über Ebbs und

Niederndorf auf bayerischen Boden zurück. Mit ein wenig Zeit im Tankrucksack sollte ein Abstecher nach Kufstein auf jeden Fall eingeplant werden (siehe TopTipp).

In Nußdorf am Inn heißt es dann aufgepasst, denn hier wartet ein weiterer fahrerischer Leckerbissen auf uns: die Kurvenhatz über den Samerberg. Folgen Sie zunächst der Beschilderung nach Rossholzen und sodann unbedingt dem unscheinbaren, leicht zu übersehenden Wegweiser zum Berggasthof Duftbräu.

Mein Tipp: Der Einkehrschwung auf der Sonnenterrasse des Duftbräu lohnt sich zu jeder Jahreszeit – dies umso mehr, als hier zudem ein äußerst beliebter Bikertreff der Region ist.

Über Grainbach pendeln wir zu guter Letzt durch prächtige Almlandschaften hinunter nach Samerberg und folgen – immer in Sichtweite zur A 8 – der Beschilderung nach Rohrdorf. Und mit genügend Zeit werfen Sie dabei unbedingt noch einen Blick ins Zentrum von Neubeuern, Bayerns berühmtestem Heimatfilm-Dorf. Echt toll!! Und nach Rosenheim sind es dann nur noch ein paar Kilometer.

Guade oide Zeit: In Neubeuern begegnet uns Bayerns Geschichte auf Schritt und Tritt

REISE-INFOS

Allgemeines
Das Rosenheimer Land ist eine sehr ansprechende Mixtur aus den Chiemgauer Seenlandschaften und den Mangfaller Voralpengipfeln. Weite Horizonte und grandiose Ausblicke sind hier eine Selbstverständlichkeit.

Motorradfahren
Die beschriebenen Landstraßen gelten als eines der beliebtesten Bikerreviere dieser Region. An Wochenenden gehören sie oftmals uns nahezu allein.

Sehenswürdigkeiten & Aktivitäten
Rosenheim als Kreisstadt besitzt eine sehenswerte Fußgängerzone mit leckeren Einkehrmöglichkeiten; die Motorrad-Highlights dieser Tour liegen allerdings allesamt rund um das berühmte Sudelfeld sowie um den Samerberg. Diese Rundtour verbindet sie alle zu einem wohl einmaligen Fahrgenuss.

Essen & Trinken
Café Bergmeister im Herzen der Rosenheimer Altstadt, Max-Josefs-Platz 15, Tel. 08031/30 17 29;
Almwirtschaften Waller- und Speckalm auf dem Oberen Sudelfeld, www.walleralm.de bzw. www.speckalm.de;
Café Kotz in der Applauskurve am Unteren Sudelfeld 7, Tel. 08023/333;
Berggasthaus Duftbräu am Samerberg, www.duftbraeu.de.

Rund um Schlier- und Spitzingsee

Rund um Schlier- und Spitzingsee präsentiert sich Bayern von seiner schönsten Seite – und das ausdrücklich auch uns Motorradfahrern.

Das historische Miesbach ist unser Start- und Zielpunkt, und wenn wir diese Runde in der beschriebenen Richtung – also im Uhrzeigersinn – fahren, steigern wir sowohl Fahrgenuss als auch Sightseeing sukzessive jeden Kilometer.

TOUR-CHECK

Start: *Miesbach*
Ziel: *Miesbach*
Tourencharakter: *Voralpenland vom Feinsten und (nochmals) Oberbayerns berühmtester Bikertreff würzen diese Rundtour.*
Tourenlänge: *110 km*
Kombinierbar mit Touren: *12, 13, 15, 16*
Genussfaktor:
- ***Fahrerisch:*** ★★★★
- ***Sightseeing:*** ★★★★
- ***Kulinarisch:*** ★★★

Über Jedling folgen wir zunächst der Beschilderung zum Irschenberg, zweigen aber noch vor der A 8-Raststätte rechts ab und pendeln genüsslich über kaum mehr als lenkerbreite Landstraßen nach Hilgenrain und Grub. Einige Kurven später taucht vor uns die Wallfahrtskirche St. Maria auf, die, grandios auf einer kleinen Anhöhe gelegen, weit ins Land blickt. Bei Tour 12 haben wir sie ja schon besucht – doch ein Wiederkommen lohnt zu jeder Jahreszeit.

Weiter geht es ein Stück parallel zur A 8. Über Sonnenham, Kemnathen und andere Weiler erreichen wir über Au Bad Feilnbach, dessen Moorgebiete dem Ort seit über 30 Jahren Anerkennung als Heilbad bescheren. Aufgrund seines milden, subalpinen Klimas bezeichnet sich Bad Feilnbach gern auch als »Bayerisches Meran«, und das nicht ganz zu Unrecht, wie ich finde.

Über Litzldorf und Großholzhausen schwingen wir hinunter zum mächtigen Inn. Und hier ist eine Entscheidung fällig, die mir jedes Mal aufs Neue schwer fällt: Beide Strecken rechts und links des Inns flussaufwärts, Richtung Kiefersfelden, führen durch landschaftlich schöne Abschnitte – und das trotz der nahezu im Flussbett verlaufenden Inntalautobahn. Wir wollen versuchen, beide Flussseiten ausführlich zu würdigen. Wechseln wir dazu bei Kirchdorf die Uferseite und statten Neubeuern, Bayerns bekanntestem Filmdorf, einen kurzen Besuch ab. (Übrigens: Hier schließt Tour 13 nahtlos an – bei Bedarf.) Man sieht es dem Ort von außen kaum an, dass er vor allem unter Heimatfilmern als Geheimtipp einer originalen Kulisse gehandelt wird. Doch sobald wir die schmalen Stadttore durchquert haben, wissen wir auch warum: Um die imposante Kirche gruppiert sich ein

Kleines Bikerparadies: der Schliersee an seinem Südufer

MEIN TOPTIPP – DIE KIEFERSFELDENER RITTERSPIELE

Seit 1618 werden in Kiefersfelden Ritterspiele aufgeführt, und seit 1833 auf der eigens dafür gebauten Barockbühne mit unikater, hochfunktionaler Drehkulisse. Was einstmals als gespielte Heiligenlegenden auf einem großen Balkon begann, entwickelte sich über die Jahrhunderte zu einer der bedeutendsten Attraktionen der Region um Kiefersfelden. Jährlich im Juli und August kann man für 3–15 Euro kopfüber eintauchen in die Zeit der kühnen Ritter und der sittsamen Burgfräuleins, Hauptakteure der Geschichten von Josef Schmalz, dem »Bauern-Shakespeare von Kiefersfelden«. Toll, begeisternd und sehenswert!
Alle weiteren Infos finden Sie unter www.kiefersfelden.de/kultur/ritterspiele.htm.

Nix für Warmduscher: Badevergnügen gibt's am Schliersee inklusive

Ensemble alter Bauernhäuser mit Erkern und Giebeln, dessen sorgfältig restaurierter Zustand begeistert. Und wenn dann an einem Sonntag die Menschen in Tracht aus dem Gotteshaus strömen, dann scheint die »guade oide Zeit« zum Greifen nah.

Über Nussdorf und Bergen befahren wir anschließend das Niemandsland im Grenzgebiet zu Österreich und können bei Bedarf in Sebi das Benzinfass günstig füllen, bevor wir bei Oberaudorf erneut die Flussseite wechseln. Geschäfte, Biergärten und Kneipen reihen sich wie Perlen auf einer Kette aneinander. Bei spontanen Hungerattacken parkt man am besten einfach im Zentrum Oberaudorfs und besucht einen der Biergärten. Das, was einem dort aufgetischt wird, stammt garantiert aus der unmittelbaren Umgebung, ist lecker und einfach nur gut.

IM INTERNET

www.sudelfeld.de
www.wendelsteinbahn.de
www.kiefersfelden.de

Weiter geht es nach Kiefersfelden, dem ehemaligen Hauptgrenzübergang der Achse München–Innsbruck, dessen Siedlungsspuren bis in die Jungsteinzeit reichen. Seit 1814 bewacht der Luftkurort die Grenze zwischen Bayern und Tirol. Einen schönen Einblick in die Geschichte geben die Kiefersfeldener Ritterspiele, übrigens das älteste Volkstheater Deutschlands.

Wir kehren zurück auf die Piste und suchen uns in Oberaudorf den beschilderten Abzweig zum Tatzelwurm und zum Sudelfeld. Die Hausstrecke der Tiroler und Münchner ist vor allem an Wochenenden fest in Bikerhand.

Mein Tipp: Gleich hinter dem Café »Feuriger Tatzelwurm« zweigt er rechts ab – der zu jeder Jahreszeit lohnende Abstecher zum ausgeschilderten Oberen Sudelfeld. Unbedingt folgen! Eine tolle Bergstrecke erwartet uns und an deren Ende herrlich gelegene Almwirtschaften. Details dazu siehe auch bei Tour 13.

Retour auf der Sudelfeld-Hauptstrecke pendeln wir zum berühmten und kultigen Bikertreff am Café Kotz. In der Mitte einer herrlichen Applauskurve gelegen, treffen sich hier ganzjährig Motorradfahrer aus allen Regionen Deutschlands, Österreichs und der Schweiz zu Benzingesprächen, Bikerlatein und gemütlichem Beisammensein.

Mein Tipp: Mit genügend Zeit sollten Sie sich von Bayrischzell im Tal eine Fahrt mit der Seilbahn auf den Wendelstein gönnen. Die Ausblicke auf die umliegenden Schlierseer Berge und auf das Tölzer Land sind atemberaubend und unvergesslich.

Oder aber Sie genehmigen sich einen Abstecher zum idyllisch gelegenen Spitzingsee: Verborgen in einem Hochtal, wartet das Wanderparadies mit Badesee darauf, von uns entdeckt zu werden.

Über das Tal von Fischbachau und Hundham geht es schließlich an den Schliersee. Geheimnisvoll und sagenumwoben ist er bis heute und um Welten urtümlicher, ja gemütlicher als sein großer Bruder, der Tegernsee, im Westen. Lassen wir unsere Tour in einem der zahlreichen Restaurants mit Seeblick bei einer köstlich-frischen Renke oder einer Schliersee-Forelle ausklingen. Denn zu unserem Ausgangspunkt Miesbach sind es nur noch ein paar Kilometer.

Bayern ist so schön: Blick vom Spitzingsattel auf den Schliersee.

REISE-INFOS

Allgemeines

Fahrerisch und landschaftlich zählt diese Rundtour zu den schönsten des gesamten Buchs. Sie führt uns hinein in die Vielfalt der oberbayerischen Voralpen.

Motorrad fahren

Einsame Landstraßen, nahezu endlose Kurven sowie viele Möglichkeiten zu Benzingesprächen machen diese Tour zu einem der Pflichttermine für Biker.

Sehenswürdigkeiten & Aktivitäten

Moorheilbäder in Bad Feilnbach, Bayerns heile Welt im Filmdorf Neubeuern, Europas ältestes Dorftheater in Kiefersfelden und eine historische Schmalspurbahn, der »Wachtl-Express« in Kiefersfelden, verbinden sich mit landschaftlichen Highlights wie Sudelfeld und Spitzingsee zu einer kurzweiligen Melange, die ihresgleichen sucht.

Essen & Trinken

Bikertreff Zum Feurigen Tatzelwurm oberhalb von Oberaudorf, www.tatzlwurm.de;
Almwirtschaften Waller- und Speckalm auf dem Oberen Sudelfeld, www.walleralm.de bzw. www.speckalm.de;
Café Kotz in der Applauskurve am Unteren Sudelfeld 7, Tel. 08023/333.

Das Tegernseer Tal und mehr

Zwischen Tegern- und Achensee treffen sich Motorradfahrer vom Frühling bis weit in den Herbst – raten Sie mal, warum!

Berühmte bayerische Schriftsteller und Dichter wie Ludwig Thoma und Ludwig Ganghofer waren im Tegernseer Tal zu Hause und ließen sich von der einzigartigen Landschaft inspirieren. Schauen wir einmal, ob dieser Reiz heute immer noch wirkt.

TOUR-CHECK

Start: *Gmund am Tegernsee*
Ziel: *Gmund am Tegernsee*
Tourencharakter: *Berge und Seen in einer idealen Tourenkombination mit Schnäppchen-Potenzial*
Tourenlänge: *140 km*
Kombinierbar mit Touren: *14, 16, 17*
Genussfaktor:

- ***Fahrerisch:*** ★★★★
- ***Sightseeing:*** ★★★★★
- ***Kulinarisch:*** ★★★

Mein Tipp: Vor dem Beginn unserer Runde sollten Sie den schlichtweg überwältigenden Ausblick auf den Tegernsee von einem der zahlreichen Cafés entlang des Ufers genießen – vielleicht bei einem zweiten Frühstück oder beim Brunch.

Dann aber lassen Sie uns aufbrechen. Zwar wird uns vor allem die Ostuferstraße rund um den Tegernsee nach Rottach-Egern wohl selten im Jahr jemals ganz allein gehören, das eher gemütliche Reisetempo bietet dafür aber genügend Gelegenheit, den Blick schweifen zu lassen.

Rottach-Egern am Südzipfel des Tegernsees ist der touristische Hauptort des gesamten Tals und bietet neben zahllosen Einkehrmöglichkeiten – die meisten davon ebenfalls mit prächtigem Seeblick – auch zahllose Einkaufsläden.

Wir verlassen den ganzjährig quirligen Ort Richtung Süden und Achenpass. Umgehend sind wir auf der Landstraße fast allein. Es geht bergan durch lichten Mischwald, und von Ferne grüßen bereits die hohen Alpengipfel von Rofan und Karwendel. Wir überqueren den knapp 1000 Meter hohen Achenpass und schwingen anschließend zurück ins Tal.

An der großen Kreuzung unterhalb des Passes wenden wir uns sodann nach links und folgen der gut ausgebauten Straße über die deutsch-österreichische Grenze nach Achenkirch und weiter zum Achensee. Der liegt zwar, wie ein rascher Blick auf die Karte zeigt, genau genommen noch einmal außerhalb unserer Tour, doch in Anbetracht seiner landschaftlichen Pracht wäre es geradezu

Noch so eine Perle Tirols: der Achensee, hier bei Achenkirch

MEIN TOPTIPP – DAS »TIROLER MEER«

Er ist der größte See Tirols, besitzt hervorragende Wasserqualität und wird gern auch als »Tiroler Meer« bezeichnet – der Achensee. Der auf natürlichem Wege eigentlich nur nach Norden über die Isar entwässernde See wird seit dem Bau des Jenbacher Wasserkraftwerks 1927 nahezu vollständig zum Inn hinunter abgeleitet, was bei immerhin knapp 400 m Höhendifferenz einen ordentlichen Wasserdruck bringt, mit dem sich gar prächtiger Naturstrom erzeugen lässt. Um dem Kloster Achenkirch, dem ehemaligen Eigentümer von See und gleichnamigem Tal, auch hübsch Devisen aus dem Fremdenverkehr zu verschaffen, wurde 1887 das erste Dampfschiff auf dem See zu Wasser gelassen. 1919 erwarb die Stadt Innsbruck den See und baut bis heute die Flotte der Achensee-Ausflugsboote immer weiter aus. Vor allem die Ausblicke von der Seemitte auf die angrenzenden Berggipfel und das Alpenpanorama sind atemberaubend. Alle Details für eine kurzweilige Bootsfahrt gibt es unter www.achensee.at.

Von der Sonne verwöhnt: bayerische Bilderbuch-Landschaften im Sommer

sträflich und unfair, ihn auf einer genüsslichen Runde durch die oberbayerischen Alpen zu ignorieren.

Mein Tipp: Gönnen Sie sich nicht nur die gut ausgebaute Uferstraße bis hinüber nach Pertisau, sondern auch den ein oder anderen Einkehrschwung in einem der zahlreichen Cafés, Biergärten und Seerestaurants. Es lohnt sich.

Bevor wir nun den Achensee wieder zugunsten bayerischer Gefilde verlassen, sollten Sie noch **meinem nächsten Tipp** folgen und am nördlichen Ortsrand von Achenkirch den Blinker rechts hinauf nach Steinberg und zum gleichnamigen Plateau setzen. Entlang der Steinberger Ache windet sich die gut ausgebaute Straße zunächst durch lichten Bergwald, dessen Lücken immer wieder Ausblicke auf das imposante Rofangebirge erlauben. Kurz vor Steinberg öffnet sich dann der Wald zu einem stillen Hochtal mit weit verstreuten Gehöften, einer obligatorischen Kirche und herrlichen Pausenplätzchen inmitten der wohl niemals hektisch brummenden Welt des Steinberger Plateaus. Ein Abstecher, der zu jeder Jahreszeit einen echten Genuss darstellt. Spätestens hier wünschen Sie sich bestimmt, die Mopeduhr möge ruhig eine Runde stehen bleiben.

IM INTERNET

www.tegernsee.de
www.achensee.info
www.achensee.at

Via Achenpass und Wildbad-Kreuth geht es zurück zum Tegernsee; abschließend wollen wir uns aber noch sein Westufer gönnen und zweigen dafür in Rottach-Egern links ab Richtung Bad Wiessee. In dessen berühmtem Spielkasino können Sie gern einmal Ihr Glück versuchen. Ach ja: Und falls Krawatte und Sakko versehentlich keinen Platz im Topcase gefunden haben, können diese am Empfang des Kasinos ausgeliehen werden. Viel Glück!

Über Gut Kaltenbrunn erreichen wir dann wieder unseren Ausgangspunkt Gmund.

Mein Tipp: Vor dem Ort liegt rechter Hand ein Parkplatz. Klappen Sie dort noch einmal für heute den Seitenständer aus und lassen Sie den Blick genüsslich schweifen über den Ihnen zu Füßen liegenden Tegernsee. Das sind Bilder, die man niemals mehr vergisst.

Postkarten-Ansichten zuhauf: Blick auf den Tegernsee

REISE-INFOS

Allgemeines
Das Herz Oberbayerns schlägt sicherlich auch im Tegernseer Tal und seiner Umgebung zu Füßen der Alpen. Tradition und Moderne, Vergangenheit und Gegenwart verschmelzen hier mit einer grandiosen Landschaft zu einer wahren Postkartenidylle. Tegern- und Achensee sind ganzjährig beliebte Ausflugsziele, die Berge bieten unbeschwerten Wander- und Kurvengenuss für alle Altersgruppen und alle Biker, und die historischen Städte und Dörfer zeigen sich prachtvoll herausgeputzt dem stets sehr willkommenen Gast.

Motorradfahren
Auch diese Region ist eine Landschaft für den Genießer, den Entdecker in uns. Das gut ausgebaute Straßennetz lässt kaum Wünsche offen, Kombinationen aus Vmax, Kurvenhatz und Sightseeing sind rasch gefunden.

Sehenswürdigkeiten & Aktivitäten
Natürlich ist vor allem die Kombination aus den historisch gewachsenen Orten entlang des Tegernsees und der hügeligen Weite der Voralpen die Hauptattraktion dieser Tour. Wassersport aller Kategorien ist ebenso möglich wie ein atemberaubender Gleitschirmflug vom Wallberg am Südzipfel des Tegernsees. Auch vom Rofan am Achensee kann man sich zu einem sicherlich unvergesslichen Tandemflug in die Thermik stürzen.

Essen & Trinken
Café-Bar Seehaus im Herzen von Tegernsee, www.seehaus-tegernsee.de;
Café-Gasthaus Fischerwirt am Achensee, direkt am Seeufer in Achenkirch, www.fischerwirt-achenkirch.com;
Gasthof Glashütte am Achenpass, Glashütte 28, Kreuth, Tel. 08029/569.

Rund um den Sylvenstein

Südlich von Bad Tölz summieren sich Kurven, Fahrspaß und grandiose Alpenlandschaften zu einem Genuss für all unsere Sinne.

TOUR-CHECK

Start: *Bad Tölz*
Ziel: *Bad Tölz*
Tourencharakter: *Von Bikertreff zu Bikertreff pendeln wir durch atemberaubend schöne Alpengärtlein.*
Tourenlänge: *150 km*
Kombinierbar mit Touren: *15, 17, 18*
Genussfaktor:
- ***Fahrerisch:*** ★★★★★
- ***Sightseeing:*** ★★★
- ***Kulinarisch:*** ★★★

Bei dieser Tour nicht das leibliche Wohl vergessen.

Startpunkt dieser Tour ist Bad Tölz, die Perle am Isarstrand. Bunt, barock und in sich stimmig präsentiert sich die seit über 700 Jahren Marktrechte besitzende Kurstadt ihrem heutigen Besucher. Prächtige Bürgerhäuser mit fantasievollen Fassadenmalereien schmücken die Fußgängerzone, deren Eiscafés und Biergärten auch mich meist erfolgreich zum Verweilen überreden.

Mein Tipp: Gönnen Sie sich mindestens einen ausgiebigen Einkehrschwung in der herrlich barocken Tölzer Fußgängerzone, und besuchen Sie die Heimat des berühmtesten »Bullen« Deutschlands. Das Bike steht derweil sicher auf dem großen Parkplatz direkt am Isarstrand unterhalb der Altstadt.

Anschließend folgen wir der Isar flussaufwärts Richtung Lenggries. Doch Halt: Bevor Sie jetzt den übergroßen Wegweisern via B 13 nach Lenggries erliegen, lesen Sie unbedingt ein Stückchen weiter. Denn die

Prächtigste Sackgasse im Tölzer Land: das Engtal am Großen Ahornboden

MEIN TOPTIPP – DIE TÖLZER LEONHARDIFAHRT

Bis zu 80 aufwendig dekorierte Festwagen, über 400 glänzend gestriegelte Pferde und weit mehr als 1000 prächtig in alter Tracht gekleidete Tölzer Bürger zelebrieren vor den Augen zahlreicher Zuschauer aus nah und fern alljährlich am ersten Sonntag im November das Leonhardifest rund um die historische Kulisse der Tölzer Marktstraße. Zu Ehren des Viehpatrons St. Leonhard werden schon im Morgengrauen die Pferde vor die Wagen gespannt, und ab 9 Uhr geht es durch die Marktstraße hinauf zum Kalvarienberg. Ein Gottesdienst, die zweimalige Umrundung der Leonhardikapelle sowie die Segnung aller Teilnehmer folgen. Nachmittags gehört die Aufmerksamkeit dann den berühmten »Goaßlschnalzern«, den Peitschenschwingern, die rund um den Leonhardimarkt ihre kräftezehrenden Vorführungen starten. Die Leonhardifahrt von Bad Tölz zählt zu den schönsten traditionellen Festen Deutschlands.
Alle Infos und Termine gibt es unter www.badtoelz.de oder www.toelzer-leonhardi.de.

Immer am Fluss lang: Die Isar begleitet uns durch diese Tour

Titelbild geeignet: Die herrliche Jachenau lohnt zu jeder Jahreszeit einen Abstecher

schönste Strecke Richtung Süden liegt – von Bad Tölz aus gesehen – rechts der Isar und windet sich in Form einer Landstraße über Stein- nach Arzbach, immer auf Tuchfühlung mit dem Fluss. Kurvenreich geht es dann auf verkehrsarmer Piste in den historischen Marktflecken Lenggries, der schon 1257 erstmals urkundlich erwähnt wurde als Flößersiedlung der nahen Burg Hohenburg, einem der bedeutendsten Herrschaftszentren des Isarwinkels. Heutzutage bietet der touristisch geprägte Ort allerlei Möglichkeiten zu einem ausgiebigen Boxenstopp mit garantiert echt bayerischer Küche.

Mein Tipp: Am westlichen Ortsrand von Lenggries zweigt sie ab – die Strecke hinein in die Jachenau. Die in ihrer zweiten Hälfte mautpflichtige Landstraße entführt uns unversehens in ein mehr als idyllisches Almental mit kleinen, von herrlichen Lüftlmalereien gezierten, verschlafenen Ortschaften rechts und links des Lenkers. Doch nicht nur landschaftlich hat die Jachenau viel zu bieten: Zahlreiche Gasthöfe und Biergärten entlang der Strecke verführen zu entspannenden Pausen und bayrisch-deftigen Genüssen, wollen uns mit ihren köstlichen Düften von der Piste locken. Ergeben Sie sich einfach für ein, zwei Stündchen mal diesen anderen Genüssen.

Über die mautpflichtige Strecke schwingen wir weiter Richtung Walchensee, strei-

Die Seele baumeln lassen: Am Sylvenstein-Stausee gelingt dies porentief

fen damit ganz kurz die herrlich mit dieser Rundtour zu einem tagesfüllenden Programm kombinierbare Tour 18 und zweigen im hübschen Örtchen Wallgau wieder rechts ab auf die Mautstraße Richtung Vorderriß. Gleich am Ende dieser Mautstraße geht es sodann schwungvoll Richtung Süden und mitten hinein ins Herz des grandiosen Karwendelgebirges. Nur 25 Kilometer lang, dafür aber vom Frühling bis in den Herbst hinein vor allem auch für uns Motorradfahrer ein fahrerischer Leckerbissen, präsentiert sich die dritte Mautstrecke dieser Tour, hinein ins Engtal. In prächtigen Rechts-links-Kombinationen schwingen wir entlang der rauschenden Eng hinauf zu den 500 Jahre alten Ahornbäumen, die, ganz am Ende der Strecke auf einem weiten Hochplateau, vor allem im Herbst eine einzigartige Farbenpracht entfalten. Das Ganze garniert mit den 2600 Meter hoch aufragenden Felswänden des Karwendelmassivs – atemberaubend schön nenn ich das.

Falls Sie diese Tour ganz besonders reizvoll ausklingen lassen möchten, empfehle ich eine Einkehr oder auch Übernachtung im Gasthaus in der Eng, ganz am Ende der Mautstrecke, zu Füßen des Karwendels. Das Sternenzelt über dem Ahornboden ist nicht nur für Stadtmenschen geradezu überwältigend schön …

Für alle Rückkehrer nach Bad Tölz liegt nun aber noch ein »Zuckerl« vor unseren Reifen, nämlich der Sylvenstein-Stausee, ein fjordartiger See inmitten der Karwendelgipfel. Und dessen Staumauer ist einer der bekanntesten und beliebtesten Spontantreffs der oberbayerischen Biker. Man sieht sich garantiert einmal …

IM INTERNET

www.jachenau.de
www.walchensee.de
www.eng.at

Für Benzingespräche bestens geeignet: Bikertreff auf der Sylvenstein-Staumauer

REISE-INFOS

Allgemeines
Diese Region gehört an sonnigen Sommerwochenenden vor allem uns Bikern. Dann treffen wir uns in der Jachenau, oben an der Sylvenstein-Staumauer oder auch ganz hinten am Großen Ahornboden zu Benzingesprächen inmitten einer Alpenlandschaft wie aus dem Bilderbuch.

Motorradfahren
Die gesamte Landschaftsregion um Bad Tölz ist Genuss pur: Das gut ausgebaute Straßennetz lässt kaum Wünsche offen, und Kombinationen aus Vmax, Kurvenhatz und Sightseeing sind rasch gefunden.

Sehenswürdigkeiten & Aktivitäten
Bad Tölz ist natürlich Pflichtprogramm auf dieser Rundtour, doch auch die Jachenau, der angrenzende Walchen- und der Sylvensteinsee besitzen ihren jeweils ganz eigenen Reiz. Das unbestrittene Highlight ist allerdings das Engtal mit seinem Großen Ahornboden am Talschluss.

Essen & Trinken
In Bad Tölz besteht die gesamte Fußgängerzone entlang der Marktstraße im Grunde genommen aus Einkehrmöglichkeiten – einfach ausprobieren;
Café am Staffel in der Jachenau, www.cafe-amstaffel.de;
Alpengasthof Eng im Engtal, www.eng.at.

Toll, Toller, Tölzer Land

Oberbayern von seiner schönsten Seite findet man allerorten im Tölzer Land, und wir schwingen von einer Postkartenidylle zur nächsten.

TOUR-CHECK

Start: *Wolfratshausen*
Ziel: *Wolfratshausen*
Tourencharakter: *Das Tölzer Land ist Oberbayern par excellence. Lassen Sie sich einfach genüsslich treiben.*
Tourenlänge: *130 km*
Kombinierbar mit Touren: *1, 2, 15, 16, 18, 19, 20*
Genussfaktor:
- **Fahrerisch:** ★★★★
- **Sightseeing:** ★★★★★
- **Kulinarisch:** ★★★★

Diese Tour zählt zu meinen absoluten Favoriten, unzählige Male bin ich sie schon ganz spontan gefahren. Denn das Tölzer Land zählt zu den begnadetsten Flecken Bayerns, ja, ich behaupte sogar ganz Deutschlands.

Im sehenswerten Marktflecken Wolfratshausen, dem berühmten Ausgangspunkt aller Isar-Floßfahrten, starten wir. Zur Info: Hier schließen übrigens die Touren 1 und 2 nahezu nahtlos an. Über Gelting und Eurasburg geht es mitten hinein in das Land der Zwiebeltürme. Beuerberg hat gleich zwei davon, jawohl, man gönnt sich ja sonst nichts. Viel ist übrigens nicht bekannt über die Entstehung dieser so originellen und bayerntypischen Kirchturm-Dachform. Soll sie an eine brennende Kerze erinnern oder aber dem Klang der Glocken ein besonderes Volumen geben? Wer weiß …

Und noch ein Ausdruck alter Traditionen begeistert jeden Besucher – die prachtvollen Maibäume. Allerorten werden sie Anfang Mai nicht nur frisch herausgeputzt oder gar erneuert, sie werden vor allem gut bewacht. Denn der Maibaum-Klau ist ein traditionell äußerst beliebter Sport im Tölzer Land.

Wir folgen der Loisach flussaufwärts über Penzberg und die imposante Abtei von Benediktbeuren nach Kochel am gleichnamigen See. Kurvenreich geht es vorbei am Energieförderprojekt »Kochel-Walchensee«, dem einstmals ersten deutschen Hochdruckspeicherwerk. 200 Höhenmeter schießen die Wasser des Walchensees durch meterdicke Röhren bergab, bringen mit ihrem Schwung gewaltige Turbinen zum Rotieren und produzieren so jährlich 320 Millionen Kilowatt/Stunde Naturstrom vom Feinsten. Mit entsprechender Ehrfurcht vor all dieser

Tiefer Blick in die Geschichte: Bad Tölz anno dazumal

MEIN TOPTIPP – DIE TÖLZER MAIBAUM-TRADITION

Die Maibaumtradition soll ja schon von den Wikingern gepflegt worden sein, als diese am Vorabend des Wonnemonats Mai – in der sogenannten »Thorsnacht« – den Thorsbaum, einen meist entlaubten und entrindeten Holzpflock, in den Boden rammten. Moderne bayerische Maibäume sind da schon eher eine optische Augenweide, und im Besonderen ihre Spruchtafeln. Woher allerdings der Brauch des Maibaumstehlens stammt, liegt wohl tief im Dunkeln der Geschichte verborgen.

Das Verhindern des Diebstahls ist unterschiedlich geregelt: In Bayern gilt der Maibaum erst dann als gestohlen, wenn er von den Dieben vollständig umgelegt bzw. abtransportiert wurde. Allerdings darf hier nur das Dorf einen Maibaum stehlen, das ebenfalls einen aufgestellt hat. Sobald ein Dorfbewohner seine Hand auf den Baum legt und die magischen Worte spricht: »Der Baum bleibt da«, darf der so geschützte Maibaum von den Dieben nicht mehr gestohlen werden. Ist der Baum allerdings bereits jenseits des Ortsrands angekommen, so hilft kein Handauflegen mehr – der Baum gilt als offiziell geklaut und muss vom derart »geschändeten« Dorf mit Wagenladungen voller Bier und Essen ausgelöst werden. Nicht nur deshalb lautet mein Tipp für die schönste Reisezeit dieser Tour: Genießen Sie diese Runde vor allem auch um den 1. Mai herum, denn dann pendeln Sie sozusagen von einem Fest zum nächsten!

Genuss abseits des Sattels: Die Tölzer Fußgängerzone lohnt eine Erkundung zu Fuß

Technik nehmen wir nun die berühmte Kesselbergstraße zwischen die Lenkerenden. Aber Achtung: Das ist leider nur montags bis freitags erlaubt, an den Wochenenden und Feiertagen herrscht speziell für Biker eine einseitige und vor allem unsinnige Streckensperrung.

Mein Tipp: Wer diese Tour gern am Wochenende fahren will, dreht den Verlauf einfach um. Aus Richtung Walchensee ist die Kesselbergstraße auch am Wochenende frei befahrbar.

Über dem Walchensee, einem Paradies für Surfer und Segler, thront der Herzogstand als beliebtes, weil nicht allzu forderndes Wanderziel. Eine Mautstrecke führt uns am Südufer des Sees entlang in die Jachenau, die wir ja schon bei Tour 16 besuchen und würdigen konnten. Diesmal genießen wir sie aus umgekehrter Richtung.

Bei Lenggries queren wir das gewaltige Kiesbett der hier noch recht unscheinbaren Isar und wenden uns gen Norden, schwingen gemütlich Richtung Bad Tölz, der bayrisch-barocken Perle am Isarstrand. Aber bitte nicht auf der beinahe schnurgeraden B 13, sondern rechts davon genüsslich über die Dörfer Steinbach, Rain und Untergries pendelnd. Das ist Touren vom Feinsten! Gleich in Bad Tölz biegen wir dann links ab und fahren in sein historisches Zentrum am Isarufer.

Mein Tipp: Parken Sie das Bike doch dort, am Ende der Fußgängerzone, dem Bikertreff des Orts. Prächtige Bürgerhäuser mit fantasievollen Fassadenmalereien schmücken die Fußgängerzone, deren Eiscafés und Biergärten uns zur Belohnung zum Verweilen einladen. Und der restliche Weg über Königsdorf und Geretsried zurück nach Wolfratshausen lässt sich auch noch spätabends bequem bewältigen.

IM INTERNET

www.toelzer-land.de
www.walchensee.de
www.lenggries.de

Zwiebelturm-Paradies: unterwegs im Tölzer Land bei Waakirchen

REISE-INFOS

Allgemeines

Das Tölzer Land ist Bayern par excellence, hier schwingen wir sozusagen von einer Postkartenidylle zur nächsten. Gewürzt wird all diese optische Pracht durch eine Vielzahl an Biergärten und Einkehrmöglichkeiten, bei denen man die traditionelle bayerische Küche intensiv genießen kann.

Motorradfahren

Herrliche Landstraßen, verträumte Dörfer, hohe Berge und weite Seen – das ist Motorradtouren vom Feinsten, hier wird das schönste Hobby der Welt zu einem Genuss für alle Sinne.

Sehenswürdigkeiten & Aktivitäten

Das Maibaum-Aufstellen zum 1. Mai, mit urigen bayerischen Burschen, Krachlederhosen und Blasmusik, die Kirchweihtage, der Leonhardiritt und viele Historienfeste lassen zu keiner Zeit Langeweile aufkommen.

Essen & Trinken

In Bad Tölz besteht die gesamte Fußgängerzone im Grunde genommen aus Einkehrmöglichkeiten – hier können Sie gar keine falsche Wahl treffen, probieren Sie einfach aus, was Ihnen gefällt;
Gasthaus Alte Mulistation in Lenggries, zu Füßen des Braunecks, www.alte-mulistation.de;
Café am Staffel in der Jachenau, www.cafe-amstaffel.de;
Café Seestüberl am Walchensee, idyllisch direkt am Seeufer gelegen, auch beliebter Bikertreff, Urfeld 27, Walchensee.

Garmisch-Partenkirchener Genussrunde

Das »goldene Landl« zählt zu den abwechslungsreichsten Tourengebieten dieses Buchs – und die folgende Runde beweist das mehr als eindrücklich.

TOUR-CHECK

Start: Garmisch-Partenkirchen
Ziel: Garmisch-Partenkirchen
Tourencharakter: Hohe Berge und unergründliche Seen, miteinander verbunden durch 1001 Kurven – »Bikers paradise«!
Tourenlänge: 135 km
Kombinierbar mit Touren: 17, 19
Genussfaktor:
- **Fahrerisch:** ★★★★★
- **Sightseeing:** ★★★★
- **Kulinarisch:** ★★★

Ein eigenes Buch wert: Der Walchensee ist ebenfalls Thema in meinem Buch »Bayerische Seen«

Im Olympiaort Garmisch-Partenkirchen beginnt unsere Rundtour, und natürlich dominiert Deutschlands höchster Berg, die 2962 Meter hohe Zugspitze, das Panorama. Doch dessen »Besteigung« – gleichwohl mit Seilbahn recht einfach – würde einen ganzen Tag erfordern. Ein andermal also …

Gen Süden schwingen wir aus Garmisch-Partenkirchen hinaus ins Werdenfelser Land, ins »goldene Landl«. Kurz vor Krün empfehle ich Ihnen, sich bei genügend Zeit unbedingt noch einen Abstecher nach Mittenwald zu gönnen – in Geigenbauers kleines Himmelsreich sozusagen.

Über Krün und Wallgau pendeln wir von einer Schräglage in die nächste und erreichen schwungvoll den Walchensee, dessen spontaner Anblick wohl jeden vor Begeisterung aus dem Sattel reißen könnte: Die Ufer-

MEIN TOPTIPP NR. 1 – IM MITTENWALDER GEIGENHIMMEL

Mittenwald kann nicht nur seine berühmte Geigenbau-Tradition vorweisen, sondern ist immerhin auch der höchstgelegene Luftkurort der Bayerischen Alpen. Eng schmiegen sich im historischen Stadtkern mit seinen verwinkelten Gassen und Wegen die alten Bauernhäuser mit ausladenden Zierbundgiebeln aneinander. Farbenprächtige Lüftlmalereien verzieren nahezu jedes Haus, und jeden Erker, jeder Stein könnte seine eigene Geschichte erzählen, denn der Markt Mittenwald liegt an einer der ältesten Römer- und Handelsstraßen. Urkundlich erstmals 1080 erwähnt, gehörte er bis 1803 zur Bischöflich-Freisinger Grafschaft Werdenfels.
Und in so manchem Vorgarten hängen an warmen Sommertagen statt bunter, frisch duftender Wäsche ganze Geigen oder wenigstens ihre Teile zum Bräunen im Wind. Aus der historischen Lautenwerkstatt des Mathias Klotz entwickelte sich ab 1686 die weltweit berühmte Geigenbau-Tradition Mittenwalds. Gut zehn Geigenbauer leben heute noch im Ort, und einigen von ihnen kann man gern auch mal bei der Arbeit über die Schulter schauen. Infos unter www.mittenwald.de.

Im Geigenhimmel: Blick auf Mittenwald

Still ruht der See: das Südufer des Staffelsees fernab allen Rummels

straße durch die winzigen Seeorte zählt nämlich zu den schönsten in diesem Buch. Viele der Einkehrmöglichkeiten besitzen herrliche Seeterrassen, auf denen Speis und Trank mit grandiosen Ausblicken gewürzt werden. Übrigens: Wer mag, kann kurz vor dem Ort Walchensee die rechts abzweigende Mautstraße in die Jachenau befahren und damit an die Tour 16 anschließen.

Kaum haben wir den Walchensee aus den Rückspiegeln verloren, da breitet sich bereits das Kurvenparadies der Kesselbergstraße vor uns aus. Im Gegensatz zur Tour 17 ist die beliebte Bikerstrecke in dieser Richtung auch

MEIN TOPTIPP NR. 2 – DER WALCHENSEE: GEHEIMNISVOLL UND UNERGRÜNDLICH

Der Walchensee ist einer der tiefsten und größten Bergseen Deutschlands und schon seit Urzeiten von Menschen besiedelt, die sich in Anbetracht seiner Urgewalten eng mit ihrem See verbunden fühlten. Bis weit ins 18. Jh. hinein soll es üblich gewesen sein, geweihte Goldmünzen an der tiefsten Stelle des Sees zu versenken, um ihn und seine Seegeister gnädig zu stimmen. Und im Verlauf des Zweiten Weltkriegs versanken mindestens zwei Kampfflugzeuge in seinen Fluten. Doch dem nicht genug: Bis heute hält sich hartnäckig das Gerücht, dass im April 1945 die Wehrmacht zumindest einen Teil der Reichsbank-Goldreserven entweder entlang des Ufers vergraben oder gar im See versenkt haben soll. Über 300 Säcke mit jeweils zwei Goldbarren sollen es gewesen sein, dazu viele Kisten mit Gold- und anderen Münzen. Bis heute wurde dieser Schatz allerdings nicht entdeckt. Doch manchmal legen die Strömungen des Sees dennoch wieder Teile seiner Geschichte frei, wie Flugzeug- oder Schiffswracks – er ist und bleibt einer der geheimnisvollsten Seen der Alpen.

an Wochenenden und Feiertagen befahrbar. Am großen Parkplatz entlang der Applauskurve im oberen Drittel der Kesselbergstraße haben wir einen schönen Blick auf den Kochelsee, dessen Ufer uns wenig später empfängt.

Über Schlehdorf und Großweil huschen wir dann nach Murnau, inmitten einer ausgedehnten Seenplatte gelegen. Wir nehmen Staffel- und Riegsee zwischen die Lenkerenden, schwingen Richtung Bobing und folgen der kurvenreichen Landstraße nach Rottenbuch. Direkt am gewaltigen Augustiner-Chorherrenstift erwarten uns idyllische Cafés zur Einkehr.

Die Ammergauer Alpen vor dem Windshield geht es anschließend weiter gen Süden, über Bad Bayersoiern nach Bad Kohlgrub, Deutschlands höchstgelegenem Moorheilbad inmitten einer 8000 Jahre alten Moorlandschaft.

Mein Tipp: Sollte Ihr Rücken nach unserem Kurvenschwung durch bereits 17 Touren arg verspannt sein, kann ich einen Wellness-Boxenstopp in einem dieser Moorbäder »wärmstens« empfehlen. Nur anschließend weiterfahren sollten Sie nicht, denn so ein Moorbad macht rechtschaffen müde.

Den berühmten Passionsspielort Oberammergau sollten Sie zu Fuß erkunden. Par-

IM INTERNET

www.kochel.de
www.walchensee-info.de
www.werdenfelserland.de

Schlichtheit? Nein danke: Selbst profane Geschäfte sind eine optische Zierde

ken Sie dazu das Bike im Zentrum, und schlendern Sie gemütlich vorbei an Cafés, Restaurants und Shopping-Möglichkeiten. Es lohnt sich …

Über Ettal mit seinem imposanten Kloster nähern wir uns anschließend wieder unserem Ausgangsort Garmisch-Partenkirchen. Und falls Ihr Tag nun noch ein wenig Sonnenschein bereits hält, dann empfehle ich Ihnen , dieses Kapitel am Eibsee, einem der landschaftlich schönsten Seen Bayerns, gleich vor den Toren der Olympiastadt ausklingen zu lassen.

Zwar ist der See selbst nur zu Fuß erreichbar, aber an seinem Ufer einmal ganz entspannt die »Gräten« zu strecken, das haben wir uns nach nunmehr 18 ereignisreichen Touren mehr als verdient. Oder etwa nicht?!!

Von Bergen und Seen: mein Buch »Bayerische Seen« erzählt noch mehr von dieser Idylle

REISE-INFOS

Allgemeines
Das Werdenfelser Land, der Kochel- und der Walchensee sowie die Moorgewässer um Staffel-, Rieg- und Froschhauser See bilden eine derart abwechslungsreiche Landschaft, wie sie selbst im in dieser Hinsicht so gesegneten Bayernland nahezu einmalig ist.

Motorradfahren
Auch zur Sommerferienzeit haben wir meist freie Fahrt; nur zwei Strecken sind berüchtigt für ihre Sonntagnachmittag-Staus: die B 2 Garmisch-Partenkirchen–Oberau–Eschenlohe sowie die darauf zu führende B 23, die von Oberammergau/Ettal kommt.

Sehenswürdigkeiten & Aktivitäten
Herrliche Landschaften, Deutschlands höchster Berg, lebendige Traditionen und eine touristische Infrastruktur, die keinen Wunsch unerfüllt lässt – all das kennzeichnet diese Tourenregion. Und einmal im Leben sollte man schon auf Deutschlands höchstem Berg, der Zugspitze, gestanden haben – entweder zu Fuß oder für den Preis von zwei Tankfüllungen Edelsprit mit der Zugspitzbahn.

Mein Tipp: *Wählen Sie dafür einen klaren Herbsttag, die atemberaubende Gondelfahrt endet dann mit unvergesslicher Fernsicht. Infos unter www.zugspitze.de.*

Essen & Trinken
*Gasthof-Biergarten Bräustüberl im Herzen von Alt-Garmisch, www.braeustueberl-garmisch.de;
Café Seestüberl am Walchensee, auch beliebter Bikertreff, Urfeld 27, Walchensee;
Gasthof Klosterbräu in Schlehdorf, beliebter Bikertreff, http://klosterbraeu-schlehdorf.de.*

Im Pfaffenwinkel hoch hinaus

»Die Landschaft, so gesegnet schön, dass einem schier der Atem stocket. Alle Herrlichkeit auf Erden sich findet zwischen Lech und Loisach …« – lassen Sie uns einmal nachschauen.

Mönche, Nonnen und Pfaffen, vereint in über 160 Kirchen und jeder Menge Klöster, gaben diesem Landstrich dereinst seinen Namen – dem Pfaffenwinkel. Abseits der touristischen Hauptverkehrsströme liegt das hügelige Land dem tourenden Genießer sozusagen zu Füßen, wartet darauf, entdeckt zu werden.

Im historischen Landsberg beginnt an einer imposanten Lech-Staustufe unsere Runde durch den Pfaffenwinkel. Einst als Zollstation an der großen Salzhandelsstraße zwischen Oberösterreich und Schwaben gegründet, sorgten satte Zolleinnahmen und Handelsgewinne rasch für nachhaltigen Wohlstand in Landsberg. Entlang des gewaltig rauschenden Lechs schwingen wir Richtung Süden, hinaus in eine jahrhundertealte Kulturlandschaft. Bereits die Römer trieben sich hier herum und hinterließen allerorten ihre Spuren.

TOUR-CHECK

Start: *Landsberg am Lech*
Ziel: *Landsberg am Lech*
Tourencharakter: *Oberbayern präsentiert sich auf dieser Rundtour von einer seiner schönsten Seiten – und hoch hinaus geht's ebenfalls.*
Tourenlänge: *165 km*
Kombinierbar mit Touren: *18, 20*
Genussfaktor:
- ***Fahrerisch:*** ★★★★
- ***Sightseeing:*** ★★★★
- ***Kulinarisch:*** ★★★

Mein Tipp: Möchten Sie einen ordentlichen Schluck aus dem Drehmomentreservoir Ihres Bikes genießen, dann wählen Sie die B 17. Suchen Sie aber im Gegensatz dazu die gemütliche Kurvenhatz, bleiben Sie rechts des Flusses und schwingen über Pitzling, Stoffen, Vilgertshofen und Reichling flussaufwärts.

Schongau, einst wichtiger Warenumschlagsplatz der großen Handelswege nach und von Oberitalien, döst im oftmals warmen Glanz der bayerischen Sonne vor sich hin. Rund um den mit sehenswertem Fachwerk reich geschmückten Kirchplatz laden zahlreiche Cafés und Restaurants zu einem zweiten Frühstück oder mittäglichen Einkehrschwung. Danach zieht es uns aber wieder hinaus in die Hügel.

Bei Lechbruck, dem einstigen Zentrum des oberbayerischen Flößerhandwerks, kreuzen wir den zur Stromerzeugung wei-

Historisch echt wertvoll: Die Altstadtfeste von Landsberg begeistern Jung und Alt

MEIN TOPTIPP – LANDSBERGER HISTORIENFESTE

Laute Spielmannsklänge locken oftmals während der Sommermonate den Besucher mitten hinein in die (dann allerdings für den Verkehr gesperrte) Altstadt: Landsberg feiert mal wieder eines seiner zahlreichen Historienfeste, und die gesamte Bevölkerung ist bereits schon seit aller Herrgottsfrüh auf den Beinen. Farbenfrohe Kostüme, bunter Fahnenschmuck und prächtig restauriertes Fachwerk bilden die Kulisse für einen sehenswerten Umzug, eine kleine, spontane Zeitreise zurück in die Vergangenheit. Und damit auch Leib und Seele nicht zu kurz kommen, bieten Marktstände im historischen Look ein sehenswertes und schmackhaftes Rahmenprogramm. Infos unter www.landsberg.de.

Freie Fahrt für Biker: Abseits der B17 geht es urgemütlich »zur Sache«

testgehend begradigten und mit fast 30 Staustufen-Kraftwerken versehenen Fluss. Kaum ein anderes bayerisches Gewässer hat wohl derart viele Eingriffe des Menschen in seinen natürlichen Verlauf hinnehmen müssen wie der Lech. Und deshalb sei er »schon lang kein echter Fluss mehr ...«, heißt es. »Zumal der Flussgott sich mitsamt seinen Nymphen, Nixen und Huimännlein vor vielen, vielen Jahren schon auf und davon gemacht habe«, behaupten die Einheimischen mit einem Augenzwinkern. Gerade diese Geschichten und die lebendigen Traditionen, wie etwa die Historienfeste und Sonnwendfeiern, das Johannisfeuer und das Fackelschwimmen im Fluss, krönen den landschaftlichen Reiz des Pfaffenwinkels zu jeder Jahreszeit.

IM INTERNET

www.pfaffenwinkel.com
www.landsberg.de
www.seeshaupt.de

Bei Steingaden mit seinen imposanten Resten eines ehemals weithin bekannten Klosters queren wir die Romantische Straße, die den Pfaffenwinkel mit dem Schongauer Land zwischen Lech und Ammer verbindet. Bevor wir uns allerdings mit der bayerischen Tourismushochburg Füssen unversehens im letzten Tourenkapitel dieses Buchs verlieren, tauchen wir vorher ab gen Osten, streifen über Wildsteig, Rottenbuch und Bobing kurz die vorhergehende Tour und suchen uns bei Murnau am Staffelsee die Wegweiser nach Habach und Antdorf.

Kurvenhatz vom Feinsten führt uns schließlich zu den geheimnisvoll in dichtem Wald versteckten Osterseen, geologischen Toteiskesseln mit mehr als 20 einzelnen Gewässern und naturgeschützten Moorgebieten. Sie leiten uns direkt zur »Badewanne« Münchens, dem Starnberger See (siehe Tour 2).

Ab hier geht es westwärts über das sehenswerte Weilheim mit seinem historischen Zentrum zum wohl berühmtesten Aussichtsberg Bayerns, dem Hohen Peißenberg mit seinen stolzen 987 Metern Höhe.

Auf kurvenreicher Piste düsen wir direkt bis zum großen Gipfelparkplatz. Eine über 230 Jahre alte Wetterstation (sie ist übrigens die älteste der Welt) blickt von dort oben weit hinaus ins Land: Im Süden verliert sich das Voralpenland in den prächtigen Ammergauer Alpen, und gen Norden können wir weit hinein ins Fünf-Seen-Land blicken (siehe Tour 2).

Knurrt Ihnen hier bereits der Magen, empfehle ich einen ausgiebigen Einkehrschwung im Gipfel-Gasthaus »Bayerischer Rigi«. Oder Sie schwingen gemütlich die letzten Kilometer zurück zum Ausgangspunkt und klappen den Seitenständer in Landsbergs historischer Altstadt aus, um dort zum Beispiel im urgemütlichen historischen Gasthaus »Zum Mohren« zu pausieren. Beide Einkehrvarianten kann ich Ihnen als äußerst lecker nur empfehlen. Na denn Prost!

Versteckt in tiefem Wald: die Osterseen südlich von Seeshaupt

REISE-INFOS

Allgemeines

Mönche und Nonnen wussten immer schon, wo es sich gut leben lässt: Der beste Beweis ist der Pfaffenwinkel – eine Landschaft wie aus dem Bilderbuch, nur ein wenig abgeschiedener und ruhiger als so manch bekanntes Touristenziel.

Motorradfahren

Der Pfaffenwinkel bietet alles für den tourenden Entdecker in uns: Stille und verkehrsarme Landstraßen führen zu den schönsten Plätzen, und auch in Landsberg selbst gibt es nur sehr selten Stau und Hektik.

Sehenswürdigkeiten & Aktivitäten

Da er reich an kulturhistorischen Kostbarkeiten wie Votivkapellen, Burgen und Schlössern sowie einer Vielzahl an Fachwerkdörfern ist, wird es im Pfaffenwinkel niemals langweilig. Wer sich alles einmal von oben betrachten will, sollte sich per Heißluftballon über Land kutschieren lassen. Infos z. B. unter www.bavaria-ballon.de. Historienfeste gibt es nicht nur in Landsberg, auch die umliegenden Orte, wie z. B. Schongau, halten in Festwochen mit Märkten und Veranstaltungen ihre Traditionen lebendig.

Essen & Trinken

Gasthaus Zum Mohren in Landsberg, www.zum-mohren.de; Gasthaus Bayerischer Rigi auf dem Hohen Peißenberg, www.bayerischer-rigi.de; Schlossgaststätte Hohenberg, etwas außerhalb von Seeshaupt, www.schlossgaststaette-hohenberg.de.

Durch des Bayernkönigs Reich

Auf König Ludwigs Spuren geht es von München nach Füssen – so spannend und abwechslungsreich, wie Ludwigs Leben war.

Diese Tour ist zwar Pflichtprogramm für alle bikenden Königstreuen, damit sie jedoch nicht ebenso sprunghaft wird wie Ludwigs Leben, lassen Sie uns das Ganze behutsam angehen.

Starten wir in München, genauer gesagt beim prächtigen Schloss Nymphenburg, vielleicht sogar mit einem kleinen Rundgang durch den herrlichen Park. Und im Café im Palmenhaus lässt sich unter echten Palmen herrlich brunchen.

Satteln wir jetzt unser Bike und fahren aus München hinaus Richtung Füssen. Über Gauting und Leutstetten (siehe Tour 2) geht es an den Starnberger See, einem wichtigen Meilenstein in Ludwigs Leben: Auf der Roseninsel im See ließ er eine Sommerresidenz bauen; Sisi und die Kaiserin von Russland zählten zu den handverlesenen Gästen auf diesem Eiland. Und am Ostufer bei Berg steht seit über hundert Jahren dieses Kreuz im Wasser, markiert die Stelle, an der Ludwig seinen mysteriösen Tod fand. In Possenhofen, im Gasthof zur Post, stand Ludwig II. zeitlebens das »Königszimmer« als Quartier bereit; hier nächtigte er oft auf seinen Fahrten zwischen Füssen und München oder ließ die Pferde wechseln.

Auch wir wechseln hier, allerdings nur ein wenig die Himmelsrichtung, düsen über die Osterseen, Habach und Eglfing nach Huglfing. Der Hohe Peißenberg aus der vorangegangenen Pfaffenwinkel-Tour grüßt bereits von ferne herüber und lockt mit seinem Gipfel-Gasthaus und den grandiosen Ausblicken.

Über Rottenbuch und Steingaden folgen wir dem sich stetig verjüngenden Lech durch eine bayerische Bilderbuchlandschaft

TOUR-CHECK

Start: *München-Nymphenburg*
Ziel: *Plansee bei Reutte*
Tourencharakter: *Sightseeing, prallvoll mit Geschichte und Kurven – eine Tour nicht nur für Königstreue.*
Tourenlänge: *160 km*
Kombinierbar mit Tour: 19
Genussfaktor:
- ***Fahrerisch:*** ★★★★
- ***Sightseeing:*** ★★★★★
- ***Kulinarisch:*** ★★★★

Wahrlich herrschaftlich bis heute: Schloss Nymphenburg im Abendsonnenschein

MEIN TOPTIPP NR. 1 - GESCHICHTSSTUNDE IM SCHLOSS NYMPHENBURG

Schloss Nymphenburg zählt zu den schönsten historischen Baudenkmälern Bayerns, und seine frei zugänglichen Gärten summieren sich zu einem der schönsten Parks Deutschlands. Hier beginnt des Märchenkönigs Leben bereits mit einer Lüge, wird seine Geburt doch einen ganzen Tag verschwiegen, um als offizielles Datum den 25. August 1845, den Geburtstag seines Großvaters, angeben zu können. Denn jener, Ludwig I., ist zu dieser Zeit amtierender König von Bayern und soll sich über die angebliche Laune der Natur mächtig gefreut haben. Ludwigs Jugend spielt sich abwechselnd zwischen Nymphenburg und Schloss Hohenschwangau bei Füssen ab, wo die königliche Familie ihre Sommer verbrachte. Alle Infos zu Schloss Nymphenburg finden sich unter www.schloesser.bayern.de.

Unterwegs in seiner Heimat: König Ludwig II. grüßt uns allerorten

MEIN TOPTIPP NR. 2 - DIE KÖNIGSSCHLÖSSER

Ludwigs Vater entdeckte auf einer Wanderung die Ruine »Schwanstein« und beschloss ihren Erwerb und Wiederaufbau als Sommerresidenz »Hohenschwangau«. In dieser märchenhaften Umgebung mit Helden- und Rittersälen, mit Orient- und Hohenstaufenzimmer, mit riesigen Sagen- und Historienbildern wurde der Grundstein für Ludwigs Weltfremdheit gelegt. Gleich gegenüber, nur einen Steinwurf entfernt auf zerklüftetem Fels, ließ Ludwig 1868 sein Denkmal, seinen monumental-romantischen Fluchtpunkt im Stil einer altdeutschen Ritterburg erbauen - sein »Neuschwanstein«. Weitab von den verhassten Ministern in München, fernab von jeglicher Realität, inspiriert von den gewaltigen Opern seines Freundes Richard Wagner. 18 teure Baujahre später war das Hauptgebäude fast fertig. Nur dem Thronsaal fehlte – geradezu symbolisch – noch der elfenbeinerne Thron, als Ludwig entmündigt und entmachtet im Juni 1886 nach München gebracht werden sollte, wo er allerdings niemals ankam. Alle Infos zu den Königsschlössern unter www.schwangau.de – Rubrik Schlösser.

nach Füssen, an der Westflanke des Ammergauer Gebirges. Hier haben die Träumereien Ludwigs II. mit seinen Schlössern Hohenschwangau sowie Neuschwanstein die wohl einzigartigsten Spuren hinterlassen. Und gleichwohl der Monarch verfügt hatte, alle seine Bauwerke nach seinem Tod zu sprengen – die bayerische Regierung tat damals gut daran, diesen Befehl zu ignorieren.

IM INTERNET

http://de.wikipedia.org/wiki/Ludwig_II._(Bayern)
www.schloesser.bayern.de
www.schwangau.de

Haben Sie noch Zeit und Lust auf ein weiteres Highlight? Dann folgen Sie der Landstraße nach Unterpinswang und biegen bei Breitenwang in Richtung des ausgeschilderten Plansees ab, einem herrlich gelegenen Bergsee und dem bekanntesten Bikertreff der gesamten Ammergauer Alpen. Die Uferstraße gehört an sonnigen Sommerwochenenden nahezu uns allein,

und zahlreiche Einkehrmöglichkeiten reihen sich wie Perlen einer Kette aneinander. Ganz versteckt hinter den steil aufragenden Felswänden des Ammersattels liegt Schloss Linderhof, ebenfalls aus Ludwigs Zeiten, in friedvoller Waldeinsamkeit. Fantastisch!

Abstecher zum Welt-Kulturerbe: die Wieskirche bei Steingaden

REISE-INFOS

Allgemeines
Durch Märchenkönigs Reich pendelt diese letzte Tour des Buchs. Kann es einen würdigeren Abschluss geben? Ich glaube nicht.

Motorradfahren
Kurvenreich und auch mal zügig geht es voran auf herrlichen Landstraßen, und Richtung Füssen können wir auch auf gut ausgebauter Strecke mal ordentlich Gas geben.

Sehenswürdigkeiten & Aktivitäten
Das Nymphenburger Schloss mit seiner berühmten Porzellanmanufaktur lässt sich am besten wochentags erkunden, ist es doch vor allem an den Wochenenden beliebtes Ziel vieler Reisebusse. Am Starnberger See (siehe auch Tour 2) widmen wir uns dem Westufer mit Schloss Possenhofen (Privatbesitz). Der Hohe Peißenberg als Zwischenziel und beliebter Bikertreff führt uns sodann zu den berühmten Königsschlössern.

Essen & Trinken
Schlosscafé im Palmenhaus im Nymphenburger Park, www.palmenhaus.de; Gasthaus Bayerischer Rigi auf dem Hohen Peißenberg, www.bayerischer-rigi.de; Gasthof Krone in Füssens Altstadt, mit originalem Rittermahl, www.krone-fuessen.de.

Die bekanntesten Bikertreffs Oberbayerns

Bikertreff »Waldwirtschaft«
In Grosshesselohe bei München,
direkt am Isar-Hochufer,
Georg-Kalb-Str. 3, Grosshesselohe,
www.waldwirtschaft.de
Information: Spontan-Bikertreff mit kultigem Biergarten und Live-Musik

Treff der Murnaubiker
Gasthaus »Griesbräu zu Murnau«,
Obermarkt 37, Murnau
Information: Jeden Mittwoch ab 20 Uhr sowie zwanglos an den Wochenenden

Treff Am Pfaffenberg
86956 Schongau-Weilheim
Information: An der B 472 zwischen Schongau und Weilheim, Parkplatz an der Kuppe, Treff jeden Samstag und Sonntag, teilweise auch unter der Woche nachmittags

Gasthaus »Bayrischer Rigi«
Mattäus-Günther-Platz 2, Hohenpeißenberg
Information: Reger und auch wochentags sehr beliebter Spontan-Treff auf dem großen Gipfelparkplatz sowie beim Rigi-Wirt

Wirtshaus »Nonnenbräu«
Epfenhauserstr. 5, Landsberg
Information: Landsberger Stammtisch der »Women on Wheels« sowie beliebter Spontantreff auch männlicher Biker

Bikertreff Kochelsee-Schlehdorf
Gasthof »Klosterbräu«, Seestraße, Schlehdorf,
www.klosterbraeu-schlehdorf.de
Information: Beliebter Bikertreff mit motorradbegeistertem Wirt, umfangreichem Bikerservice inklusive Tourenvorschlägen sowie echt leckerer Küche

Bikertreff am Staffelsee
Gasthof-Biergarten »Fischerstüberl«,
Johannisstr. 18, Seehausen
Information: Herrlich gelegener Biergarten direkt am Seeufer, mit grandioser Aussicht; hier kocht der Chef die gute bayerische Küche noch selbst

Bad Tölz
Treff am Isarstrand in der Stadtmitte
Information: Großer Parkplatz am Ende der Fußgängerzone direkt am Isarufer, mit Cafés und Biergärten

Treff am Kesselberg
Oberhalb von Kochel am See
Information: Applauskurve an der Kesselbergstraße Richtung Walchensee, täglich nachmittags, Samstag/Sonntag vor- und nachmittags
Achtung: Sonn- und feiertags bergauf gesperrt, Umweg über Garmisch-Partenkirchen!

Treff am Spitzingsee
Vom Schliersee aus Richtung Spitzingsee
Information: Jeden zweiten Samstag im Monat direkt auf dem Parkplatz am Seeufer; alljährlich auch Bergsommerfest mit großem Motorradtreffen

Restaurant »Zum Feurigen Tatzelwurm«
Unteres Sudelfeld, Bayrischzell
Information: Spontan-Treff, nahezu täglich, vor allem nachmittags, Samstag/Sonntag auch vor- und nachmittags

Café Kotz
Sudelfeld 7, Bayrischzell-Sudelfeld
Information: Berühmtester Treff Südbayerns, täglich von 8–19 Uhr, vor allem auch am Wochenende

Treff am Oberen Sudelfeld
Information: Beide Almwirtschaften – Waller- und Speckalm – am oberen Ende der Sackgasse sind beliebte Bikertreffs mit Einkehrmöglichkeit und grandioser Aussicht

Treff am Sylvenstein
Information: Staumauer des Sylvenstein-Stausees südlich von Lenggries an der B 301 zum Achensee; vor allem an den Wochenenden sehr beliebt

Gasthof »Zur Post« in Hinterriß
Information: Im Mittelteil der Mautstrecke herrlich gelegene, gemütliche Einkehr

»Alpengasthof Eng«
Eng 1 + 2, Hinterriß
Information: Ganz am Ende der Mautstraße, im Herzen des Karwendelparks, mit großem Parkplatz, ein Pflichttermin für Biker

Kloster Andechs
Bergstr. 2, Andechs
Information: Spontan-Treff am Motorradparkplatz vor dem Klosterberg, vor allem am Wochenende, aber auch wochentags nachmittags

Bikertreff am Schloss Dachau
Information: Auf dem großen Parkplatz vor dem Schloss, beliebter Treff vor allem für spontane Feierabend-Touren sowie am Wochenende

Bikertreff in Erding
»Emanuel's Café«, Schrannenplatz, Erding, gleich neben dem Rathaus
Information: Beliebter Spontan-Treff, vor allem an den Wochenenden

Chiemsee
Gasthof »Kupferschmiede«,
Trostberger Str. 1, Chieming am Chiemsee
Information: Weithin bekannter und beliebter Treff, nicht nur an den Wochenenden

Café »Leuchtenberg«
Direkt am Kloster Seeon

Badeseen in Oberbayern – ein echtes Stück Lebensqualität
Bereits in meinem Buch »Die schönsten Motorradtouren Bayerische Seen« (ebenfalls im Bruckmann Verlag erschienen) berichtete ich in Wort und Bild von der herrlich erfrischenden Kombination aus Biken & Baden und stellte meine schönsten Strecken entlang unzähliger prächtiger bayerischer Seen und Gewässer zusammen.
Doch auch wenn man diese Auswahl auf das Thema »Oberbayern« reduziert, bleibt immer noch eine erkleckliche Zahl an Möglichkeiten, auch als Motorradfahrer beinahe nahtlos braun zu werden. Schauen Sie mal – hier folgen meine schönsten Badeplätze aus den Tourengebieten dieses Buchs:

Achensee: Eine auch sanitärmäßig komplett ausgestattete Bademöglichkeit mit großer Liegewiese und herrlichem Alpenpanorama gibt es im Nordteil des Achensees, direkt am Ort Achenkirch.

Ammersee: Die sogenannte Herrschinger Bucht an der Straße von Herrsching nach Breitbrunn ist beliebt bei Badenden und Surfern, bei schönem Wochenendwetter allerdings auch rappelvoll. Zahlreiche Parkbuchten beherbergen derweil das Bike. In Sankt Alban nahe Dießen gibt es eine ausgeschilderte, weitläufige Liegewiese mit großen, alten Bäumen, die vor allem an heißen Sommertagen auch herrlichen Schatten spenden.

Chiemsee: Der Chiemsee ist nicht nur ein beliebtes Segel- und Surfrevier, sondern auch ein Badesee mit flachen Uferstreifen. Badeplätze finden sich viele, und besonders beliebt und empfehlenswert sind diejenigen bei Chieming am Ostufer oder in Übersee am Südzipfel – jeweils mit großen Parkplätzen, Kiosken und Biergärten in der Nähe.

Kochelsee: Rund um den Kochelsee gibt es einige schöne, meist kleinere Badeplätze, z. B. entlang der B 11 hinauf zum Walchensee, aber auch in den nur zu Fuß oder mit dem Rad erreichbaren Schilfregionen am Westufer. Ihr Vorteil: Durch das bekannte Erlebnisbad »Trimini« in Kochel wird ein Großteil der Badegäste dort bei Spaß & Spiel gebunden, und man hat weite Teile des eigentlichen Sees auch im Sommer nahezu für sich.

Königssee: Jawohl, auch im Königssee dürfen Sie baden – gleichwohl er mitten im Herzen des streng reglementierten Nationalparks liegt. Allerdings steigt die Wassertemperatur selten über 16–18 °C, zudem herrscht Luftmatratzen- und Schlauchboot-Verbot, und die Badeplätze lassen sich nur mit den Schiffen der Königsseeflotte oder mit gemieteten Ruderbooten erreichen. Dafür gibt es ein wohl einzigartiges Panorama …

Schliersee: Weite Strecken des Schlierseeufers sind auch heutzutage noch frei zugänglich und laden zum Bad ein. Am Ostufer verläuft allerdings die B 307 und sorgt vor allem an Wochenenden für einen gewissen Lärmpegel. Schöne Badeplätze finden sich am Westrand des Ortes Schliersee sowie am Südzipfel des Sees bei Fischhausen – beide auch mit ausreichend Parkmöglichkeiten für das Motorrad.

Spitzingsee: Zugegeben – gebadet habe ich noch nie im Spitzingsee. Dazu ist er mir persönlich viel zu kalt. Herrliche Liegewiesen inklusive Bademöglichkeit finden sich für Kaltduscher entlang des Nord- und Ostufers; das Westufer ist dicht bewaldet und nur zu Fuß zu erobern.

Starnberger See: An der Ostseite des Sees liegt das Erholungsgebiet Ambach mit großem Parkplatz und noch größerem Erholungsgebiet direkt am Wasser. Am Südende des Sees liegt Seeshaupt mit schönem Badestrand direkt am Seerestaurant/Biergarten »Lido«. Alternativ bietet sich die Wiese vor dem Anlegesteg der Starnberger Seenschifffahrt an.

Sylvenstein: Der gesamte frei zugängliche Uferbereich bietet idyllische und wohl niemals überlaufene Naturplätze für Badetuch, Picknickkorb, Schnorchel und Schwimmflossen. Parkplätze entlang der Uferstraße bieten sowohl im Ost- als auch Westteil des Speichersees genügend Möglichkeiten, das Motorrad sicher abzustellen.

Tegernsee: Zwar ist vor allem der Südteil des Seeufers nahezu komplett überbaut und nur an wenigen Stellen frei zugänglich, doch bietet jeder der fünf Tegernsee-Orte eigenen (kostenpflichtigen) Badespaß, oftmals mit Animation. Für entspannte und etwas ruhigere Badefreuden empfehle ich die Strandbäder »Seeglas« und »Kaltenbrunn« in bzw. nahe Gmund, am Nordufer des Tegernsees.

Walchensee: Vor allem entlang des gesamten Südufers (mautpflichtige Privatstraße Richtung Jachenau) existieren zahlreiche Möglichkeiten, sowohl das Bike problemlos zu parken, als auch das Badetuch an einem steinigen Naturstrand auszubreiten.

Wörthsee: Zwischen Bachern und Schlagenhofen am Südwestzipfel des Sees liegt das »Erholungsgelände Oberndorf«, ein sehr schönes, aber in der Ferienzeit auch sehr frequentiertes Badegelände mit Parkplätzen. Entlang des gesamten Sees gibt es aber noch weitere ausgeschilderte Badeplätze und auch viele ohne Eintritt.

Die große Motorradreihe bei Bruckmann

ISBN 978-3-7654-4848-5

ISBN 978-3-7654-4618-4

ISBN 978-3-7654-4847-8

ISBN 978-3-7654-5101-0

ISBN 978-3-7654-4352-7

ISBN 978-3-7654-4437-1

Das komplette Programm unter
www.bruckmann.de

BRUCKMANN

IMPRESSUM

Unser komplettes Programm:

www.bruckmann.de

Produktmanagement: Carl-Christian Steinbeißer
Lektorat: Anette Späth
Layout und Satz: Medienfabrik, Stuttgart
Repro: Cromika s.a.s., Verona
Umschlaggestaltung: Zehentner & Partner, München, unter Verwendung eines Fotos von Heinz E. Studt
Kartographie: Angelika Solibieda, Frankfurt
Herstellung: Medienfabrik, Stuttgart
Printed in Italy by Printer Trento.

Alle Angaben dieses Werkes wurden vom Autor sorgfältig recherchiert und auf den aktuellen Stand gebracht sowie vom Verlag geprüft. Für die Richtigkeit der Angaben kann jedoch keine Haftung übernommen werden. Für Hinweise und Anregungen sind wir jederzeit dankbar. Bitte richten Sie diese an:

Bruckmann Verlag
Produktmanagement
Innsbrucker Ring 15
Postfach 40 02 09
D-80702 München
E-Mail: lektorat@bruckmann.de

Bildnachweis
Alle Abbildungen des Umschlags und des Innenteils stammen von Heinz E. Studt.

Die Deutsche Nationalbibliothek – CIP-Einheitsaufnahme:
Ein Titeldatensatz für diese Publikation ist bei der Deutschen Nationalbibliothek erhältlich.

ISBN 978-3-7654-4884-3